国家电网有限公司
新型电力系统示范标杆典型案例集

国家电网有限公司　编

中国电力出版社
CHINA ELECTRIC POWER PRESS

图书在版编目（CIP）数据

国家电网有限公司新型电力系统示范标杆典型案例集 / 国家电网有限公司编 . -- 北京 : 中国电力出版社，
2025. 5. -- ISBN 978-7-5198-9725-3

Ⅰ . F426.61

中国国家版本馆 CIP 数据核字第 2024A2D347 号

出版发行：中国电力出版社

地　　址：北京市东城区北京站西街 19 号（邮政编码 100005）

网　　址：http://www.cepp.sgcc.com.cn

责任编辑：刘红强　朱安琪（010-63412520）

责任校对：黄　蓓　马　宁

责任印制：钱兴根

印　　刷：北京顶佳世纪印刷有限公司

版　　次：2025 年 5 月第一版

印　　次：2025 年 5 月北京第一次印刷

开　　本：889 毫米 ×1194 毫米　16 开本

印　　张：9.5

字　　数：205 千字

定　　价：70.00 元

前　言

　　电力系统连接能源生产和消费，是促进能源绿色低碳转型的中心环节。习近平总书记提出，加快构建清洁低碳、安全充裕、经济高效、供需协同、灵活智能的新型电力系统，为促进电力系统转型升级、推动能源电力可持续发展提供了"中国方案"。当前，以清洁低碳为方向的能源转型正在重塑现代能源体系和新型电力系统，新型电力系统是新型能源体系的重要组成和实现"双碳"目标的关键载体。国家电网有限公司认真贯彻党中央国务院关于碳达峰碳中和、构建新型电力系统重大战略部署，落实《加快构建新型电力系统行动方案（2024-2027年）》，统筹发展和安全、统筹保供和转型，制定发布碳达峰碳中和、构建新型电力系统行动方案，全面推进源网荷储各项重点工作，全力服务新能源发展，开展了一系列探索，推动新型电力系统建设从蓝图走向实景。

　　近年来，公司坚持因地制宜、先行先试、协同协作，深化新型电力系统示范建设，围绕新型电力系统五大特征，构建了新型电力系统建设评价体系，并分省分区进行测算，实现了建设成效可量化、可评价，确保工作方向准确、路径科学、措施可行、推进有力，为加快打造一批可复制、可推广、可借鉴的示范标杆，提供了依据和基础。为宣传推广新型电力系统典型建设经验，发挥引领带动作用，公司坚持问题导向、突出量化评价、强化创新引领、注重经济适用，从已经取得实效的230个优秀案例中，评选出20项示范标杆，汇编出版。

　　新型电力系统建设是一项开创性工作。从2021年发布行动方案，到如今示范标杆落地见效，三年半实践，公司一步步探索新型电力系统建设路径。面向未来，新型电力系统建设时间跨度长、涵盖领域广、涉及方面多，在政府、电网、电源、用户的共同努力下，将形成更多成果，为推动能源转型、建设美丽中国、服务人民美好生活贡献力量。

目 录

前言

第一类

系统类示范标杆

1. 张家口新型电力系统示范 /2

2. 杭州数字化智能化低碳新型电力系统示范 /11

3. 北京市通州区新型电力系统示范 /19

4. 大连"三化促五强"新型电力系统示范 /28

5. 江苏淮安金湖低碳县域电网示范 /35

6. 兰考农村新型电力系统示范 /43

7. 临沂市沂水县新型电力系统示范 /50

8. 河北涉县合漳水光储微电网示范 /57

9. 莆田湄洲岛全场景绿电示范 /63

10. 巴州基于分散式电采暖的台区负荷柔性控制 /71

第二类

项目类示范标杆

1. 基于基准站聚合感知的分布式光伏可观可测 /80

2. 锡盟沙戈荒大基地新能源场站送出能力提升关键技术示范 /88

3. 高比例新能源送端电网多源协同控制关键技术研究与应用 /95

4. 小金川流域梯级水光蓄互补联合发电系统示范 /101

5. 湖北随州广水百分百新能源新型电力系统示范 /107

6. 柔性低频输电示范 /113

7. 六安兆瓦级氢能综合利用示范站 /120

8. 宁夏虚拟电厂运营管理平台示范 /126

9. 省级空调负荷"全感知、全预测、全调节"管控技术及应用 /132

10. 国内首个正式运行的省级电力现货市场 /140

第一类
系统类示范标杆

　　系统类示范标杆聚焦新能源高比例开发、系统安全运行负荷中心高可靠供电等典型场景，推动技术装备、体制机制和商业模式等全方位、多维度融合创新，打造具有引领作用和推广价值的"市－县－园区（村镇）"级示范样板。源侧重点开展新能源主动支撑能力提升等示范，提升新能源可靠替代能力；网侧重点开展新能源汇集和柔性外送、新型输变电技术、微电网与大电网友好互动等示范，提升系统安全运行水平；荷侧开展负荷聚合响应、虚拟电厂等示范，提升需求侧响应能力；储侧开展构网型储能、电氢耦合、共享储能等示范，提升系统调节能力。

张家口新型电力系统示范

· **实施单位：** 国网冀北电力有限公司

· **建设内容：** 以探索破解超高比例清洁能源送出消纳难题为核心目标，围绕"坝上新能源大规模汇集输送 + 坝下源网荷储协同高占比新能源就地利用"两大场景，全力构建源端主动支撑、网端安全可控和荷端灵活调节的新型电力系统示范区。

· **技术特色：** 推动构网型柔性直流示范、"新能源 + 调相机 + 储能"灵活送端系统示范等重大工程建设，助推新型储能实证与试验平台、绿色电力与算力协同发展等创新攻关实现新突破，支撑京津冀能源电力清洁低碳发展，助力打造国家新能源产业高地。

· **实施成效：** 建成国家风光储输、张北柔直电网、崇礼冬奥百分百绿电高可靠供电等国际领先示范工程。取得一批重大成果，五年来在新能源虚拟同步机、柔性变电站、虚拟电厂和火电深调峰等技术领域累计获省部级一等奖7项。

案例背景

张家口市是我国华北地区风能和太阳能资源最丰富的地区之一，是助力北京实现"双碳"目标的重要基石，独特的地理区位，赋予了张家口电网新型电力系统转型的齐全要素。源侧，稳居全国非水可再生能源装机第一大市。网侧，张北柔直、张雄交流特高压和500千伏交流构成交直相融送端电网。荷侧，环京地区规模最大的数据中心聚集地，地区负荷连续十年创历史新高。储侧，以抽水蓄能（简称抽蓄）为主要支撑，电化学储能等多种储能技术为补充的千万千瓦级储能基地。国网冀北电力有限公司围绕"源网荷储全环节发力、运行运营全要素驱动"的实施路径，充分发挥成本性和资本性投资价值，全力实施以"低碳随机耦合电源＋坚强灵活智能电网＋多元协同互动负荷＋规模多样共享储能＋全过程数智化"为核心内涵的新型电力系统。

工作思路

以"稳中求进、稳中快进"为原则，全力推动新型电力系统建设再上新台阶。充分发挥京津冀北大电网资源配置能力，瞄定保障首都地区电力可靠供应和保障高比例新能源送出消纳

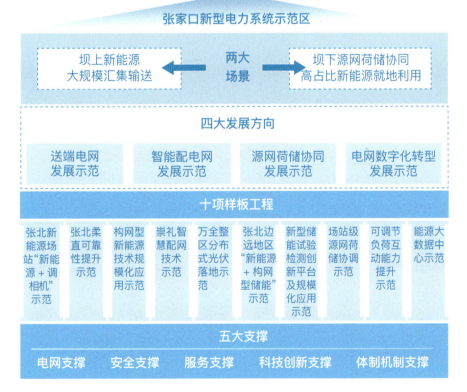

工作思路示意

的目标，围绕"坝上新能源大规模汇集输送 + 坝下源网荷储协同高占比新能源就地利用"，全力打造"新能源大规模汇集输送与源网荷储协同高效利用"的新型电力系统示范。立足京津冀北资源、区位、政策优势，开展一批关键技术、重大问题创新攻关，实施一批新技术、新模式试点工程，高质量服务地区经济社会发展和服务国家新能源发展。

做法实践

国网冀北电力有限公司聚焦新能源大规模汇集外送，打造适应新能源大规模开发和高比例并网的送端电网，推动新能源大规模消纳和绿色环境价值传递。

打造坚强送端电网，提升新能源大规模汇集输送能力

一是加快推进绿色输电通道建设。截至 2024 年 10 月，张家口已建成张北—雄安 1000 千伏交流特高压通道、±500 千伏四端柔性直流通道，交流 500 千伏沽源、万全、张南汇集站的骨干汇集网络。此外，在建 1000 千伏特高压工程 2 项，500 千伏输变电工程 6 项。

二是研究纯新能源柔直工程示范。推动张家口至河北南网纯新能源构网型柔性直流示范工程纳入国家规划，工程电压等级 ±500 千伏，总换流容量 1400 万千瓦。

三是推动新设备应用。示范新能源－直流－受端电网协同构网控制技术、高压直挂式直流储能技术以及紧凑型柔直换流站、换流阀成套设计技术，提升张北柔性直流、张北—雄安特高压通道利用效率。

±500 千伏柔性直流电网中都换流站阀厅

推动源端惯量支撑建设，提升系统主动支撑能力

一是推进火电机组灵活性改造。以新能源配套火电灵活性改造等方式，努力推动火电机组最小技术出力不断降低。截至 2024 年 10 月，张家口地区 2 台火电机组最小技术出力达到 20%。

二是打造"新能源 + 调相机 + 储能"灵活送端系统。以张北一雄安特高压新能源输电通道为重点，推动存量新能源场站配建分布式调相机，同时新增新能源输电通道在接入系统阶段明确调相机配置方案。

三是示范应用构网型控制技术。建设百万千瓦级构网型设备支撑的百分百新能源汇集系统。完成"构网型风光储主动支撑与汇集组网示范工程"技术方案制订，推动国家风光储输示范工程 12 兆瓦风电机组构网型技术改造。

国家风光储输调相机示范工程

推动多元新型储能发展，提升系统灵活调节能力

一是推动新型储能规模化发展。截至 2024 年 11 月，张家口市储能装机容量为 56 万千瓦，6 个项目（126 万千瓦）入选河北省省级电网侧独立储能规划，6 个项目（148.5 万千瓦）入选张家口市共享储能示范项目清单，预计"十四五"末张家口地区电网侧储能将达 208 万千瓦。张家口地区数据中心、制氢等项目在负荷侧配置储能，通过峰谷价差降低企业用电成本具有较大可探索空间。

二是促进各类储能技术应用。张家口地区已投运的有电化学储能、机械储能两类。抽水蓄能、热储能等多个项目在建中，重力储能、

飞轮储能项目已开展前期工作。

三是推进抽水蓄能电站建设。尚义抽水蓄能电站正在进行建设,计划于2026年投运。

四是开展多样化储能建设模式探索。在张北试点通过"构网型储能+新能源场站"解决变电站单电源问题,在崇礼试点通过台区储能解决防山火问题,结合太子城零碳供电所建设,试点移动储能的多场景应用。

国网新源河北丰宁抽水蓄能电站下水库

加快现代智慧配电网建设,提升新能源就地消纳能力

一是推进"新能源+乡村振兴全覆盖"项目。2023年,全力实施"新能源+乡村振兴全覆盖"战略,新能源收益惠及全部4173个行政村。截至2024年10月,累计接入光伏扶贫电站1112个、总装机容量135.9万千瓦,累计结算收益30.99亿元,惠及全市2492个行政村,共17.13万人。

二是开展源网协同规划,打造电力、算力协同发展示范。构建数据全环节透明融合、源网荷储深度协同的新型配电网技术体系,打造清洁能源就地消纳、各级负荷高质量供电、实用易推广的现代智慧配电网发展形态。

三是建设"源-网-荷"交直流配电网技术先行先试特色示范区。与天津大学、清华大学共同攻关低压对等柔性互联、分级储能优化配置技术,与东南大学共同攻关主配微协同控保技术,与华北电力大学共同攻关芯片化即插即用配电网同步测量技术。建成崇礼"六型六好"数字化配电网综合示范,开展万全规模化分布式光伏调控及光储协同互动示范。

张北县德胜村光伏扶贫项目

深挖需求响应潜力，提升绿色用能水平

一是推动数据中心迅速发展。作为国家"东数西算"数据集群，张家口已投运数据中心29座，预计2025年年底规模将实现翻倍增长。此外，已有超10家智算中心将落地张家口，逐步引进智算数据中心，将优化本地算力结构布局。统筹供需发展关系，深度分析已投运数据中心项目负荷增长趋势，引导"算随电走"，统筹绿色电力与算力输送格局，促进形成"算电一体"的新型供能体系。

二是推动"可再生能源 + 氢能"协同发展。促进形成氢能产业全链条发展格局，将张家口建成京津冀地区的绿氢基地。推动河北省建设距离最长的纯氢输氢管道，建成后预计年输氢能力50万吨。河钢集团张宣高科科技有限公

张家口蔚县大数据项目建设

司全国首套 120 万吨氢冶金工程一期已建成投产，该工程荣获世界钢铁协会低碳生产卓越成就奖。

三是规模化电动汽车充电设施参与电网调节。基于新型负荷管理系统建设车网互动平台、面向多领域构建车网互动场景、构建不同模式下的车网互动市场机制、建设要素齐全的车网互动仿真系统，形成电动汽车与电网融合互动发展的新局面，有效助力电网经济运行、电力保供和新能源消纳。

四是开展多种可调节资源的虚拟电厂示范。通过虚拟电厂参与电网互动打造公共机构领域"供电 + 能效服务"示范标杆项目，在尚义县建设"零碳供暖县城"综合示范、在崇礼区打造"供电 + 能效服务"示范，实现用户节能行为管理、提高用能效率。

储能测试系统

实际成果

火电机组深度调峰

综合提升区域火电耦合多资源的调节能力，增强区域传统电源友好性。地区 15 台火电机组中，9 台完成机组灵活性改造，7 台最小技术出力达到 20%，达到国内领先水平。

"新能源 + 储能 + 调相机"不断应用

开展千万千瓦级"新能源 + 储能 + 调相机"综合优化配置和多层级动态控制。张北—雄安特高压通道建成国内首个交流汇集送出的分布式调相机群灵活送端系统，累计提升送出能力 94.5 万千瓦。

新能源主动支撑

示范应用构网型新能源技术，有效提升高比例新能源场景下电力系统稳定运行能力。华北区域首座单机 6 兆瓦构网型风电场在张家口投运，具备 1.8 倍短路电流支撑能力，惯量响应时间不超过 260 毫秒。

柔性直流高可靠运行

研究优化张北柔直电网送端电力电子设备孤岛系统控制策略，建设有功 / 无功综合控制系统，张北柔直送出能力提高至 450 万千瓦。

大规模需求侧响应深入挖掘

新型电力负荷管理系统监测能力达到地区最大负荷的 30%，可调节负荷资源库接入容量 60 万千瓦，电供暖资源库规模 43 万千瓦。尚义县打造"零碳供暖县城"示范，县域内全部实现电供暖负荷管控。

国家级新型储能试验检测和创新平台成功搭建

构建储能系统并离网测试平台，具备兆瓦级储能系统并网运行特性实证能力和 500 千瓦以下储能系统离网运行特性检测与实证能力，自主搭建锂电池安全试验环境，完成国内首次锂电池簇级热失控试验。

典型经验

机制领航，保障新型电力系统

通过打造分布式光伏智慧管控平台，定期进行新能源分层分级监测控制与分析，提升分布式光伏全景监测和智慧调控能力。规范分布式电源管理，提高分布式电源可观可测可控水平，实现源源协同、源网友好，构建高度耦合、高效运行的低碳电力供应体系。建成张家口市县两级"1+6"新型电力负荷管理体系，全力服务电网数智化建设、电力安全保供、电力清洁低碳。

技术攻坚，解锁新型电力系统发展密码

构建"新能源＋调相机＋储能"模式、"构网型储能＋新能源场站"模式，提升输电通道新能源外送能力，同时解决偏远地区单电源变电站问题。研发新型"四可"接口装置，在智能并网开关框架内将配置保护、协议转换、通信模块化，简化设备之间连接，实现对分布式光伏的调度控制要求。构建基于边端协同的全绿电台区、边边协同的多台区能量互济场景的智能配电网，提升低压配网柔性控制水平。建成"轮毂型"微电网，在中压双环网秒级自愈的基础上，构建交直流柔性互联的低压双环网，综合示范超高可靠性电网架构。

政策先行，助推新型电力系统项目建设

凝聚新型电力系统发展共识，开创"新能源＋乡村振兴"模式，促进绿色能源赋能乡村振兴。联合中电联建立新型电力系统发展（崇礼）论坛机制，汇聚各方智慧力量，引领新型电力系统创新发展。

推广前景

一是推广"新能源 + 调相机 + 储能"模式。建立新能源场站分布式调相机在新能源基地大规模推广应用的可持续发展模式,实现场站全时间尺度"电压源"调节特性,提升新能源主动支撑能力与送出能力。该项成果可推广至藏东南、沙戈荒等大规模新能源送出、远海大容量风电送出场景。

二是推广"构网型储能 + 新能源场站"经验。该经验可更好解决偏远地区变电站单电源运行可靠性低,维护成本高等问题,提高电网的供电可靠能力,可推广至单电源变电站多、供电半径长的偏远地区。

三是推广规模化分布式光伏调控及光储协同互动。通过采用分布式光伏智能控制单元和智能融合终端,利用"HPLC/RF+5G"技术,实现分布式光伏出力的柔性调节和刚性控制。该项成果可推广至分布式能源接入体量大、需求高的场景。

杭州数字化智能化低碳新型电力系统示范

· **实施单位：** 国网浙江电力有限公司

· **建设内容：** 项目位于浙江省会杭州市，聚焦杭州"大受端、大都市"典型特征、发挥"数字化、低碳化"先发优势，通过建设"坚强稳定主网、城市智慧配网、卓越服务体系、全域数字电网"四大工程，打造杭州数字化智能化低碳新型电力系统示范，为"大都市高品质供电、电助碳达峰城市发展、业务融合企业管理"提供浙江方案。

· **技术特色：** 一是建设坚强稳定主网，政企联动布局"五源两带三环"电网发展格局，应用特高压柔性直流、低频输电、帕奇虚拟调度员等技术，服务能源大受端电力安全。二是打造城市智慧配网，推广"米特""5G/量子"等技术，开展供电可靠性"五精"管理，服务省会大都市可靠用电。三是构建卓越服务体系，应用碳电协同微电网群、风光储氢多能互补、零碳充电网等技术，服务最优电力营商环境。四是创新全域数字电网，打造能源双碳数智平台、应急指挥暨电力保障平台、杭电一张图等，服务政府企业高效管理。

· **实施成效：** 建成交直流混联、工低频互济大电网，供电可靠性全国重点城市第一，实现超2200万千瓦负荷有力承载、近400万千瓦新能源百分百消纳，政企联动打造城市能源双碳数智平台、虚拟电厂等数字化管控系统，创新碳电协同微电网群、氢电耦合柔直示范等技术，支撑首届"碳中和"亚运会圆满举办，全面助力杭州建设国家首批碳达峰试点城市。

📋 案例背景

杭州被总书记赋予"中国走向世界舞台中央的城市典范",正向着世界一流的社会主义现代化大都市阔步迈进。二十年来杭州电力时刻践行总书记"电等发展"重要嘱托,推动电网整体规模、全社会用电量、最高负荷跃至国网省会城市第一,为打造新型电力系统示范奠定坚实基础。杭州是典型受端大电网,本地电源少、外来电占比高,对能源高质量发展需求迫切;同时作为国家首批碳达峰试点城市,能源供给消费两侧结构正在发生翻天覆地的变化。

站在新的历史方位,锚定新的发展坐标,国网浙江省电力有限公司在杭州市域率先试点,立足禀赋特征,发挥先发优势,奋力推进杭州大受端大都市数字化智能化低碳新型电力系统示范,为大都市高品质供电模式、电助碳达峰城市发展模式、全业务融合数字化管理模式提供"杭州方案"。

📖 工作思路

国网浙江省电力有限公司聚焦杭州"大都市、大受端"典型特征,发挥"数字化、低碳化"先发优势,锚定"能源消费是主战场、能源供给是主阵地、能源技术是主引擎、能源体制是新路径"四个定位,以"用能数字化、绿色电消纳、数字与科技、市场与管理"为四个抓手,

杭州数字化智能化低碳新型电力系统建设框架

打造四大标杆工程，全力建设杭州数字化智能化低碳新型电力系统示范。一是建设坚强稳定主网，践行"电等发展"重要嘱托，重点实施规划先行和政企联动，推动新技术应用，保障能源安全可靠供给；二是打造城市智慧配网，打造全国最优供电可靠性，坚持不停电就是最好的服务，实现新能源全消纳；三是构建卓越服务体系，促进"源网荷储"协同互动，重点实施"供电＋能效"等多种用能服务，实现企业节能降耗和灵活资源互动；四是创新全域数字电网，推动科技数字创新引领，构建城市能源双碳数字智治体系，强化保供电重点工作，助力碳达峰试点城市建设。

做法实践

国网浙江省电力有限公司围绕"大电网稳定、新能源消纳、高可靠供电、数字化赋能"等关键领域，选取"坚强主干网、智慧配电网、低碳化用能、数字化电网"等具有典型性、代表性的方向开展探索，以"小切口"解决"大问题"，率先建设四大标杆工程，更好服务城市发展、能源转型、营商环境、政企管理。

建设坚强稳定骨干网，服务能源大受端电力安全

一是绘制电网发展"新蓝图"。政企协同绘制杭州多规合一发展规划，将服务杭州负荷饱和年的 477 座变电站站址全部纳入国土空间规划，为电网中长期发展锁定宝贵空间资源。推动"十五五""十六五"变电站站址画像精准绘制，厘清新增管廊规模和路径，政企协同做到"路电同规"，推动杭州电网年均投产电网容量超 400 万千瓦，连续 5 年实现电网"三个零超限"（断面零超限、主变零超限、线路零过载）。

二是贯通能源电力"绿通道"。积极推动区外清洁电力入杭落地，建设省域"一环四直、强臂强环"骨干枢纽网架，投运白鹤滩—浙江特高压直流工程，开工甘浙特高压柔性直流工程，布局"五源两带三环"电网格局，建成 220

具备自主巡视、主动检测及智能应急处置功能的机器狗正在杭州亚运村地下综合管廊巡检

千伏标准双环网、110 千伏"四线六变"链式结构，建成可靠承载超 1000 亿千瓦时年用电量、超 2200 万千瓦年最大负荷的大受端电网。

三是创新电网稳定"新手段"。创新 220 千伏柔性低频输电、全冗余智能快速断路器、帕奇虚拟调度员、220 千伏变电站全站新一代二次系统及都市电网"三道防线"全景管控平台等技术，深化输电"立体巡检＋集中监控"与变电数字化集控管理，实现杭州高负荷密度区域供区互联互济、潮流稳定可控、调度智能决策、设备管理升级。

打造现代智慧城市配网，服务省会大都市可靠用电

一是坚持不停电就是最好的服务。推动"转带保"不停电作业模式，通过"能转尽转"为主、"能带不停"辅助、"应保尽保"兜底等措施开展计划检修，实现全域取消 10 千伏传统计划停电。拓展综合保电业务，建立市县一体、内外联动应急发电资源调配机制，推广皮卡式低压小容量发电车、小型低压储能车、带电作业机器人等新装备。

二是坚持每一个时户数必争。推广"级差保护＋馈线自动化"自愈模式，应用"5G/量子"通信技术、零信任防护技术、配电智慧设备主人"米特"等新技术，建成"城区 1 分钟、农村5 分钟"电力故障自愈圈。落实供电可靠性"五精"管理，在亚运、科创走廊核心建成"六个 9"高可靠性示范区，实现杭州供电可靠性全国重点城市最优。

三是坚持新能源全域全消纳。政企联动全面摸排杭州风光资源禀赋，杭州电网可承载再增光伏 635 万千瓦，确保"家底清"；探索新能源汇集送出及变电站共建共享新模式，全面接入集中式与分布式光伏，实现"接入优"；支撑政府出台《杭州市新能源配储指导意见》等文件，做到"政策好"。

"米特"实现电网可视化、全景化、智能化运维管控

光伏巡检赋能绿色发展

构建卓越绿色服务体系，营造最优电力营商环境

一是实现企业用能成本再降一分。深化"供电＋能效服务"，率先完成 428 家企业、机构能效诊断，创新碳电协同微电网群技术、风光储氢多能互补模式，发挥企业屋顶光伏、储能空间等绿色资源效能，引导工商业用户通过电力市场获得更低电价，助力企业节能增效。

二是实现灵活资源潜力再挖一度。政企协同搭建市县两级负荷管理中心，并明确由供电公司牵头打造杭州市虚拟电厂平台，出台相关管控引导支撑政策，全量接入杭州市光、储、柴、充等数据，实现灵活资源上图纳管，"一企一策"夯实错避峰、空调等 287 万千瓦柔性负荷。

三是实现绿色用能水平再提一档。建成公司"绿电"全覆盖充电站，打造杭州零碳充电网，推动充电基础设施从城市"两区"（居住区、办公区）、"三中心"（商业中心、工业中心、休闲中心）逐步向城区边缘、县城、乡村延伸，形成"城市五分钟、城乡半小时"充电圈。

优质服务助企生产马力十足

由政府明确供电公司牵头建设的杭州虚拟电厂平台

杭州亚运赛区无线充电设施

创新全域服务数字电网，支撑政府企业高效管理

一是支撑全国首批碳达峰试点城市建设。迭代打造杭州能源双碳数智平台3.0，汇集2524家重点用能企业能源、产值、规模等数据，服务政府"能碳智治"，服务客户"节能减碳"，构建以电为主的城市"双碳"智治体系，实现电－能－碳深度耦合、全面感知的示范场景。

二是支撑杭州赛会之城可靠政治保电。深化应用亚运史上首个电力数字化"应急指挥暨电力保障平台"，创新"平时＋战时"体系，高标准实现重大保电和防汛防台应急任务全面管控，实现全要素数字化监视、全流程科学化指挥、全场景可视化展示。

三是支撑现代电力企业管理能力提升。开展"数智杭电"建设行动，完成全域所有供电所数据主人认定，深化"电网一张图"，建设数据服务、地图解析、计算推演、运营监测四大中心，提供实时精准的数据服务、地图解析等应用服务。

杭州能源大数据评价与应用研究中心

实际成果

实现能源供给更清洁低碳

稳定受入外来清洁电力超800万千瓦，百分百消纳本地新能源近400万千瓦，打造"零碳"电动汽车充电网，编制形成建筑节能领域的IEEE国际标准。

实现能源水平更供需平衡

年度争取财政专项补贴超 1200 万元，接入各侧新型储能超 130 万千瓦，建立 287 万千瓦分层分区全时域负荷资源池，实现民生全保障、经济无影响、服务零舆情。

实现城市电网更安全充裕

建成可靠承载超 1000 亿千瓦时年用电量、超 2200 万千瓦年最大负荷的大受端电网，电网连续五年保持"三个零超限"稳定运行。

实现公司电网转型更经济高效

在亚运、城西科创大走廊核心区建成两个"六个9"供电高可靠示范区，2023 年杭州全域供电可靠性达到全国主要城市第一。

实现数智转型更灵活智能

全域 110 千伏及以上线路无人机自主巡检百分百全覆盖，实现两个替代覆盖率 70% 以上、业务流程数字化率 90% 以上、移动作业应用率 100%。

典型经验

创建高品质供电的大都市新型电力系统模式

通过聚焦解决大都市能源低碳转型、受端电网供电可靠性以及园区产业能效提升等大型城市普遍面临的共性问题，坚持"不停电就是最好的服务"，深化供电可靠性"五精"管理，创建安全、真实、最优的供电可靠性管理模式，推动大都市的可持续发展，高要求打造最优营商环境。

创建电助碳达峰的低碳化新型电力系统模式

通过开展全量新能源接入、零碳充电网建设等业务，主动服务政府"能碳智治"，主动打造杭州能源双碳数智平台，率先开展碳计量、碳核算等全链条碳业务，助力碳达峰城市建设，

深化"供电 + 能效服务"，全面助力社会节能减碳，政企联动发布杭州新型电力系统蓝皮书，创建以电为主打造双碳数字智治模式，高质量实现"双碳"目标。

创建业数全融合的数字化新型电力系统模式

通过打造电网一张图地市公司样板，实现"规建运调营"业务分层纳管，通过虚拟电厂平台、数字化应急指挥暨电力保障平台等手段，开展"数智杭电"建设行动，创建数据服务、地图解析、计算推演等应用融合的数字化管理模式，高标准完成电网和公司"两个转型"。

推广前景

　　高品质供电的大都市模式可推广至全国各大重点城市。通过建设交直流混联、工低频的大受端电网，开展供电可靠性"五精"管理，实施输变电集控管理，主动服务企业高效用能，精准开展负荷管理，有力支撑能源可靠供应，提供最优电力服务。

　　电助双碳模式可应用至全国碳达峰试点及建设城市。通过构建能源双碳数智平台，汇集全市规上企业水电气煤等能源数据，根据电能碳耦合模型，建立政府碳账户、企业碳足迹等管控机制，提供"供电 + 能效"服务，全面融入支撑政府社会的碳达峰建设。

　　业数全融合的管理模式可融入至全国电网公司业务管理中。围绕电网数字化、管理数字化和服务数字化"三条主线"，迭代完善数据服务、地图解析、计算推演等基础功能，贯穿全域全电压等级电力数据，汇集市县所三层信息，为公司和电网注入新动力。

3 北京市通州区新型电力系统示范

·**实施单位：** 国网北京市电力公司

·**建设内容：** 北京城市副中心新型电力系统示范以"引绿 + 赋数 + 提效 + 汇碳"为路径，建设坚强韧性、安全可靠的现代化城市电网，推动电网数字化转型升级，服务能源供应减碳、能源消费降碳，助力能源绿色低碳转型。

·**技术特色：** 立足大型受端城市电网定位，探索新型电力系统在北京城市副中心建设落地的实施路径，结合新能源并网、节能降碳、数字化转型等关键技术方向，政企协同推进新型电力系统技术标准与政策机制建设。

·**实施成效：** 本地可再生能源消纳达 100%，地区绿电消费量达到 19.3 亿千瓦时，服务城市副中心行政办公区建设百分百绿电供应的公共机构，重点区域供电可靠率超过 99.9999%，年户均停电时间小于 21 秒，达到国际领先水平。

案例背景

2024 年 2 月，国务院正式批复《北京城市副中心建设国家绿色发展示范区实施方案》，明确提出"建成与新型电力系统相适应的智能高效电网"。通州区作为北京城市副中心，其电网是典型受端城市电网，外受电比例高，源荷资源亟待开发，具备能源消费结构优化、实现绿色低碳发展的基础条件。

在"十四五"期间，通州区域逐年用电量呈较高增长态势，未来随着终端用能电气化水平的提高，区域电力消费产生的碳排放在能源领域中占比将超过 70%。域内不同区域负荷密度、供电可靠性需求不同，配电网形态差异性较大；同时由于新能源发电受季节性影响较大，难以稳定支撑由煤改电带来的冬季负荷高峰。面对地区电网特性及新能源发展趋势，需要在通州区建设新型电力系统，加强电网支撑新能源接入的承载力，提升本地新能源消纳、配置及调控能力，提高负荷灵活调节能力及能源高效利用水平。

工作思路

北京市通州区新型电力系统示范以"引绿＋赋数＋提效＋汇碳"为路径，辅以科技创新与标准机制创新支撑，推动电力消费节能降碳。

国网北京市电力公司组织相关部门和单位，围绕加强电网支撑新能源接入的承载力，提升本地新能源消纳、配置及调控能力，提高负荷灵活调节能力及能源高效利用水平等方面，整体规划并明确了责任分工，细化了工作措施和计划，在电网可靠供电、数字化电网建设、电能替代服务等方面持续发力，推进通州区新型电力系统示范建设。

做法实践

公司联合了清华大学、中国电科院、国网经研院等国内顶尖机构共同编制《北京城市副中心绿色发展示范区新型电力系统建设行动方案》，并邀请汤广福、周孝信、王成山等多位院士和专家指导。北京市通州区新型电力系统示范，制订了电网发展和能源绿色低碳发展两项行动计划，主动服务副中心能源、建筑、交通三大领域绿色转型。围绕"引绿、赋数、提效、汇碳"能源低碳转型路径，辅以科技创新与标准机制创新支撑，确定了 27 项示范任务，以电力供应清洁化、能源利用高效化及能源消费电气化推动北京城市副中心绿色发展。

北京市通州区新型电力系统建设工作思路示意

引绿——建设安全、可靠、灵活电网，保障绿电供应

一是构建副中心坚强韧性电网。保障域外高比例优质绿电"引得进、落得下、供得好"，500 千伏电网形成"一南一北一中"三电源支撑，220 千伏电网打造"三分区供电、区内日字成环、区间多联络"结构，110 千伏及以下建设灵活可靠的现代智慧配电网，服务本地新能源发电"应接尽接、应并尽并"。

现代智慧配电网建设项目

二是建立新能源电力市场体系。在系统平台层面，通过跨区跨省电力交易、绿电交易、绿证交易等模式，引进内蒙古、山西等域外的清洁电力。建设首都绿色电力消费核算平台，构建具有首都特色的绿色电力消费认证体系，推动电力供应清洁化。

首都绿色电力消费核算平台

赋数——提升电网智慧运行能力，服务新能源智慧管理

一是打造数字化配电网。通过推动新型电网建设，提高对清洁能源的接纳、配置和调控能力。融合先进通信技术开展基于人工智能的智慧调度平台，及时应对新能源对电网造成的

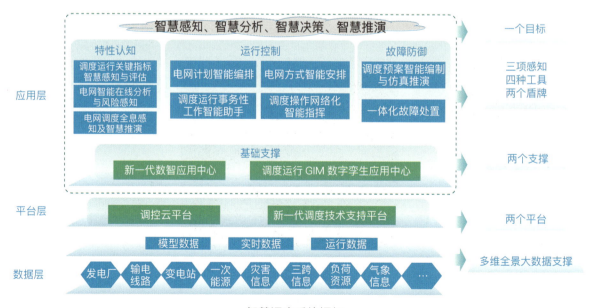

智慧调度系统框架

影响，服务新能源智慧管理。

二是推进电网数字化转型与智能化升级。在发输变配用全环节，开展数字化变电站、数字化电力隧道、输电线路智慧运维示范建设，打造"精准反映、状态及时、全域计算、协同联动"的数字电网，实现全景透明、可观可测。

（a）数字化电力隧道

（b）数字化输电线路

（c）智慧变电站

（d）智慧配电室

数字化配电网建设

提效——提高能源利用效率，深化新能源在各专业领域应用

一是大力推广绿色建造。在绿色建筑领域，应用光储直柔等先进技术，打造与区域环境和谐共生的绿建融合零碳变电站，应用智慧楼宇系统实现建筑节能。

（a）北京市首个光储直柔零碳营业厅

（b）110千伏大营多站融合变电站

服务绿色建筑示范项目

（a）开展充电桩研究与检测实验，
支撑电动车规模化发展

（b）优化快充桩网络布局，打造快慢互补的
副中心"2 公里充电圈"

（c）环球影城绿色充电站

（d）服务副中心公共交通百分百电气化

服务绿色交通

二是优化快充桩网络布局。在绿色交通方面，助力通州全境实现"2 公里充电圈"，打造"电动汽车与电网互动"平台，助力绿电消纳，解决小区充电桩接入难，服务全市新能源汽车有序发展。

三是建立城市智慧能源管理系统（CIEMS）。在绿色能源方面，通过城市智慧能源管理系统，接入副中心范围内的电、气、热、油等多种能源数据，推进多种能源综合利用，助力智慧城市建设。

（a）国家绿色发展示范区能源控制中心

（b）首都碳排放监测服务平台

服务绿色能源方面示范项目

汇碳——精益碳排放管理，助力能源绿色低碳转型

一是建设区域碳监测平台。以"电碳一张图"为基础，开展区域碳排放精准监测，可提供分地区、分行业的碳排放分析报告，服务政府开展能耗双控向碳排放双控的转变。

二是建设动态碳排放责任因子响应场景。依托新型电力系统实验基地，指导各类用户精准降碳。

创新——推动前瞻技术创新攻关和标准体系建设

一是围绕新能源并网、需求侧响应等十大重点方向制订 35 项技术标准，包括国际标准4 项、国家标准 1 项、地方标准 1 项、行业标准 3 项。

在北京城市副中心新型电力系统试验基地
开展相关实验

二是促请政府制订虚拟电厂相关支持政策，由市区两级政府联合授权国家绿色发展示范区新型电力系统实验基地挂牌建设。

北京城市副中心建设国家绿色发展示范区新型电力系统实验基地

🖥 实际成效

绿色减碳成效显著

实现本地可再生能源百分百消纳，支撑副中心绿电消费量达 19.3 亿千瓦时，服务城市副中心行政办公区打造百分百全绿电供应的公共机构。

电网发展模式领先

主干网架结构达到国内一流水平，通州区全域供电可靠率 99.993%，行政办公区等重点区域供电可靠率 99.9999%，年户均停电时间小于 21 秒，综合电压合格率 100%，重要用户电源配置合格率 100%，达到国内领先水平；投运北京市首个"零碳乡村"交直流混联微网，建成北京市首个光储直柔零碳营业厅。

经济高效可持续

构建智慧能源管理体系并融入政府城市大脑建设，接入水、汽、热、油等能源数据，提升城市副中心能源利用效率和绿色发展水平。

柔性调节能力突出

长周期调节资源占比 65%，需求响应能力接近地区最大负荷的 6%，虚拟电厂接入可调负荷资源 5.5 万千瓦，促请通州区城市管理委员会正式印发北京市首个虚拟电厂政策。

数字化水平领先

故障自愈水平 98.39%，主配通信网支撑指数 99.11%，电网数字化、智能化水平先进；研发应用双网络频段互补技术，实现整体安全防护能力达到"等保三级"，网络切换小于 200 毫秒；研发配网 5G 广域保护，实现有源配网故障全线"百毫秒级"隔离，达到国际领先水平；建成"一体双核"配电自动化主站系统，打造电缆隧道"无人化巡检"示范区。

🖥 典型经验

立足大型受端城市电网新型电力系统建设

北京城市副中心新型电力系统示范以"引绿＋赋数＋提效＋汇碳"为主线，辅以科技创新与标准机制创新支撑，通过创新发输变配用全环节升级、推进多能互补和电能替代，创新推动源网荷储全环节互动，为国内一线城市能源低碳转型发展和新型能源体系建设提供了典型经验。

以政企协同推动源网荷储各环节技术、政策机制和商业模式创新

支撑城市副中心构建清洁低碳、安全高效的能源体系，通州区绿色电能占比达到35%，本地可再生发电量占比达19.6%，可再生能源用电量占比达26.7%。其相关技术产品、经验成果已在北京市范围内全面推广，其典型经验将为大型一二线城市推动能源低碳转型提供示范和借鉴。

推广前景

大型受端城市电网安全供电方面，项目通过建设"高可靠、强韧性、高适应、可进化"的现代智慧配电网，使得通州区供电可靠率、综合电压合格率均达到国内先进水平，在对国内新一线城市建设大型受端城市电网，提升安全供电方面具有示范推广性。

城市电网绿色低碳转型方面，本项目示范建立"域外开发、定向输送、定向消纳"的绿电进京新模式，使得通州区绿电消费规模不断提升，有利于城市电网绿色低碳转型，对具备接收绿电供应的城市电网绿色低碳转型具有示范推广性。

能源效率效益提升方面，本项目不断扩充区域楼宇、电动汽车、新型储能等可调资源池，由通州区政府发布支持文件，在通州区建成全市首个虚拟电厂，并成立区级电力负荷管理中心，探索出能源效率效益提升的一条政企协同道路，对具备建设虚拟电厂条件的城镇在能源效率效益提升方面具有示范推广性。

城市融合共享发展方面，本项目将电网发展主动融入城市发展，使电力设施与城市环境更加融合，推进城市副中心核心区电力架空线全部入地；融合开放共享理念，打造大营110千伏景观融合开放式零碳示范变电站；打造城市副中心营商环境新高地，使城市环境更加宜居、宜产、宜业。为国内一二线大型城市如何解决城市景观风貌品质提升与电力能源供应融合的难题提供了参考答案。

4 大连"三化促五强"新型电力系统示范

- **实施单位：** 国网辽宁省电力有限公司
- **建设内容：** 国网大连供电公司锚定"三化"电网高质量发展目标，破解"终端型 + 送端型"电网矛盾，构建海陆一体化坚强主网；加速升级"基本面 + 引领点"，点面结合打造"五型"现代化配网；电网业务与数字化深度融合，提升数字化与智能化水平。
- **技术特色：** 主网侧，提出破解"终端型"劣势的海陆一体化电网协同规划思路，构建以储能电站黑启动为支撑的能源安全保障体系；配网侧，达沃斯核心区域升级为"钻石网 + 双花瓣"网架，台区柔直互联 + 光储充一体化电站协同构建为能源服务平台。
- **实施成效：** 一是初步形成全要素、均衡化风光火核储一体化能源基地和海陆一体化坚强电网；二是不断提升源荷互动水平，负荷管理水平居国网前列；三是以达沃斯论坛为载体，展示碳计量、数字化等系列创新示范工程，保障会议全绿电供应。

案例背景

　　大连是全国首批碳达峰试点城市，拥有风光火核储种类齐全、高清洁占比（清洁装机59.7%、清洁电量73%）的电源结构和全社会最大负荷、电量东北双第一的消纳条件，地区海上风光、核电均具有"千万千瓦级"开发潜力，是贯彻习近平总书记"推动建设风光火核储一体化能源基地"重大部署的重要落点，具有新型电力系统建设的扎实基础和迫切需求。大连也是夏季达沃斯会议常驻举办地，具有显著的示范效应。以大连为试点开展新型电力系统示范具有政策优势、基础优势、区位优势。

工作思路

　　挖掘大连地理区位优势，结合地区电网特色，立足辽宁省"一圈一带两区"中"双核"城市之一的定位，整合东北地区唯一在运核电站、全球最大全钒液流储能电站、陆上风光及海上风电等多元化能源资源禀赋，遵循保供与转型并重的总体思路，注重发展与服务的统筹，坚持问题导向，提升大连电网安全运行能力。

　　从主网、配网、数字化三个维度，紧密围绕清洁低碳、安全充裕、经济高效、供需协同、灵活智能五个方面，打造大连"三化促五强"新型电力系统示范区。以期为东北地区构建风光火核储一体化能源基地提供完备的建设运行经验，为沿海、半岛及其他特殊地形地区电网规划提供借鉴。

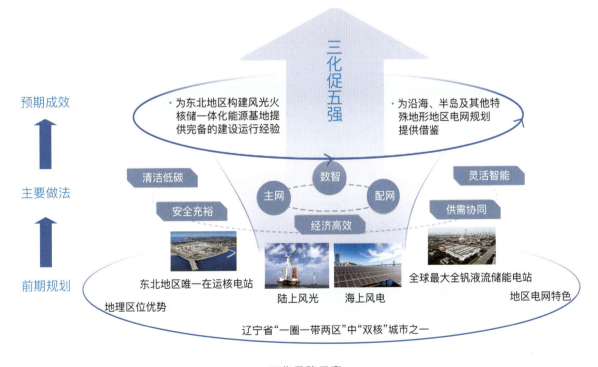

工作思路示意

📑 做法实践

锚定建强海陆一体化主网、升级一流现代化配网、扎实提升数字化水平"三化"目标，在清洁低碳、安全充裕、经济高效、供需协同、灵活智能五个方面加强建设，打造大连"三化促五强"新型电力系统示范区。

建强海陆**一体化**主网
升级一流**现代化**配网
扎实提升**数字化**水平

清洁低碳水平增强 **01**
安全充裕水平增强 **02**
03 经济高效水平增强
04 供需协同水平增强
05 灵活智能水平增强

做法实践示意

内外兼修破解"两端"矛盾，建强海陆一体化主网

大连电网三面环海，呈现"终端型"电网特征；地区电源装机总容量占全省22%，呈现"送端型"电源特征。

一是在对外层面，结合新建红瓦线500千伏工程，优化形成核电站直送辽宁主网通道；新建500千伏冷家变电站，为庄河海上风电接入500千伏电网提供主汇集点；后续将结合抽蓄送出工程打通大连第四条能源外送通道，优化联络通道，构建清洁能源外送"高速公路"。

二是在对内层面，以液流储能电站送出、新建220千伏旅顺开关站等工程为基础，开展城区220千伏"双环网升级"系列工程，以下级电网补强方式提升500千伏变电站间联络支援能力，同步开展跨海柔性直流工程前期工作，克服地形限制，打造各电压等级互济"有机整体"。

通过内外兼修，化"两端"劣势为创新优势，基于全球首次液流储能电站黑启动城市大容量火电机组经验，创新构建了"核火风光全时段支撑、海陆一体化坚强电网全方位支持、液流储能极限支持"的主网能源安全保障体系。

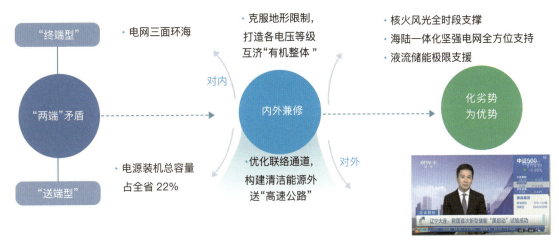

内外兼修破解"两端"矛盾，建强海陆一体化主网

点面结合服务"源荷"互动，升级一流现代化配网

一是着力打造"五型"现代化配电网，服务新型负荷高效接入、灵活互动。以补弱项、强保供、提升综合防灾能力、提升分布式承载力为目标，构建电网现代化升级"基本面"。

二是开展"钻石网+双花瓣"网架优化。以

城市核心区转型升级为目标，以东港达沃斯示范区为高可靠性试点，开展网架优化，达沃斯会议核心区供电可靠率"6个9"（99.9999%），打造智慧升级"引领点"。

三是"点面结合"加速配电网升级。在东港

点面结合服务"源荷"互动，升级一流现代化配网

达沃斯示范区建成了台区柔直互联、光储充一体化电站、"全自愈"模式配电自动化等一批配电网提升示范项目，实现特殊保供区域多电源合环运行、智慧互联，储能设备与配网智能互动，周边台区资源统筹协调；同时，构建了一套虚拟柔性台区系统，可以对周边高端写字楼、充电桩等重要负荷实现交直流混联区域协调控制，从而提升区域整体供电可靠性。促进东港达沃斯示范区在日内不同时段、旅游淡旺季和大型会议期间不同类型负荷之间的有功支援互济互动，提升区域整体供电可靠性及电能质量。在此基础上，拓展电动汽车、船用岸电业务，为配电网向能源服务平台升级提供有力支撑。

价值拓展立足"融合"支点，扎实提升数字化水平

一是强化数字基础设施建设，构建配网全景监测平台、可视化保电指挥平台等业务应用系统。其中，配网全景监测平台依托电网"一张图"，整合调度自动化、配电自动化、用电信息采集等多源系统数据，通过数字化手段发现并解决当前配网关键问题。可视化保电指挥平台可以实现保电资源数字化、统一指挥可视化、保电信息档案化。

二是提升电网智能化水平，东北首条500千伏智慧线路、东北首套移动式四足巡检机器人、变电站"空＋地"立体化联合巡检模式、国内首套66千伏直挂式SVG等落地应用。其中，作为国家电网公司首批智慧输电线路试点单位，大连率先完成了东北首条500千伏智慧线路500千伏红瓦一线的建设，并被中国电力设备管理协会评为"示范智慧输电线路"；基于红瓦一线智慧输电线路示范效用，完成500千伏红海一、二线两条核电线路智慧化建设，深化自主巡检技术，打造核电智慧输电线路综合示范区，实现线路数据管理全景化、运行状态透明化、诊断决策智慧化和设备修复高效化。在达沃斯会场所在区域重要主网电源——港东220千伏变电站出口电缆隧道部署的东北首套

价值拓展立足"融合"支点，扎实提升数字化水平

移动式四足巡检机器人，能够基于激光雷达导航控制，主动避障，实现红外双光自主巡检；应用六轴机械臂投送传感器，贴合电缆表面，便捷开展带电局部放电检测工作；尤其是在火灾等紧急情况下，可利用四足机器人远程获取隧道内实时画面，进行防火门开闭等联动操作，提升应急处置能力。

三是打造数字化生态圈，主导成立全国首家省级碳计量中心、东北地区首个市级绿电服务站，联合中国电科院研发电碳表产品并推动进入市场，赋能全产业链协同转型，实现重点用户电碳因子实时测量。

实际成效

清洁低碳水平增强

大连地区核、风、光等清洁能源装机占比 59.7%、电量占比 73%，均已达到国内领先水平，地区电力二氧化碳排放因子 0.1762 吨二氧化碳／兆瓦时，远低于全国平均水平（0.5942），未来三年投产海陆风光 270 万千瓦、抽水蓄能 100 万千瓦，庄河核电已进入核准序列，地区全要素、均衡化风光火核储一体化能源基地初步形成。

安全充裕水平增强

网侧，地区供电可靠率、综合电压合格率已达到或接近导则要求，在东北重点城市中排名第一；源侧，支撑性电源占比 83%，对电力电子化设备仍有较大接纳空间；荷侧，地区已开展坚强局部电网建设，在保障全部重要用户生命线通道畅通基础上，可进一步提供自备电厂、储能等应急保障电源支持，液流电站黑启动试验进一步验证了极端情况下大电网的应急保障能力。

经济高效水平增强

市场化交易电量近四成，绿电消费增长显著，2024 年前三季度已完成 11.54 亿千瓦时，达沃斯论坛实现百分百绿电供应。

供需协同水平增强

源侧，地区主力火电厂均完成灵活性改造，最小技术出力均低于 40%，处于国内领先水平，长周期调节能力达 31.1%；创新核电机组调峰模式，近五年累计多接纳新能源电量 68 亿千瓦时。荷侧，基于全省首个电力负荷管理中心构建四级响应体系，资源控制能力（5.8%）和需求响应能力（9.8%）位列大供企业前列。

灵活智能水平增强

年外送电量占比达到 38.9%，有力支撑了省级大电网平台资源配置；通信网支撑水平达 96.4%，基础优势显著。

典型经验

大连"三化促五强"新型电力系统示范区立足地区资源特色，构建了新型电力系统建设的清晰路径，走出了"大连特色"，提供了良好的典型经验。

在电源结构方面

地区全要素、均衡化的风光火核储电源结构已形成，创新火电机组灵活性改造、核电调峰等调控模式，提升新能源消纳水平，可在东北地区构建风光火核储一体化能源基地过程中，提供完备的建设运行经验，起到较好的示范引领作用。

在能源安全供给方面

大连破解"终端型"电网劣势的各电压等级电网协同规划思路、储能电站黑启动试验等能源安全保障策略，可为沿海、半岛及其他特殊地形地区电网规划提供借鉴。

在重大活动电力可靠供应方面

以达沃斯论坛为载体的系列创新示范工程，在论坛会议期间获得了国内外嘉宾关注，形成了重大国际性活动电力保障、亮点展示的大连经验，可为系统内外单位组织参与相关活动提供有益借鉴。

推广前景

新能源外送方面，大连"三化促五强"新型电力系统示范区兼具终端型电网的地理特征与送端型电网的电源特征，在清洁能源大规模外送消纳、柔性直流输电等领域具有推广价值。

电能可靠供给方面，大连恒流储能电站作为区域电网"全黑"后的黑启动电源，成功证明全钒液流电池储能作为构建新型电力系统的重要基础装备，具备参与电力系统调节、提高供电可靠性等功能，验证了新型储能作为地区电网黑启动电源点的可行性。

碳计量方面，大连作为碳计量研究的先行单位，已联合中国电科院等单位，成功研制出全国首款电碳表产品，并率先完成全国首批电碳表试挂；已开发电力碳排放计量测量平台，国内率先实现15分钟级碳排放量实时监测。上述工作为今后省内乃至全国电碳服务市场提供了成熟经验。

江苏淮安金湖低碳县域电网示范

- **实施单位：** 国网江苏省电力有限公司
- **建设内容：** 将超高渗透县域电网作为平衡单元，以新能源高效承载、高比例就地消纳为核心，推动源网荷储统一规划、协同发展，运行控制多级协同、友好互动，市场政策有力支撑、高效驱动，构建背靠大电网、配微协调发展的数智坚强电网。
- **技术特色：** 在电力规划方面，应用可移动式移相器等新型技术，搭建8760时序仿真平台，提出新能源就地平衡率等指标，引导多元储能选址定容。在运行控制方面，完成新能源毫秒级快速控制改造，探索以虚拟电厂为调控对象的技术路线；在低碳实践方面，开发公司自有屋顶光伏，聚合站房等可调资源参与系统调峰。
- **实施成效：** 统筹能源规划建设，凝聚政、网、源绿色发展共识，形成20.5万千瓦储能规模。创新电网结构，新增可开放容量26万千瓦。推动出台"随光而充"政策，推广微电网运营场景，聚合可调负荷资源超5万千瓦。构建主配微多级协同控制体系，实现系统承载力、平衡能力综合最优。

📝 案例背景

金湖县被高邮湖、宝应湖、白马湖三面环绕，水域面积超 30%，资源禀赋突出，新能源发展"沿水分布、东电西送"。截至 2024 年 10 月，全县新能源装机容量 143 万千瓦，燃机装机容量 8 万千瓦，全社会最高负荷 42.76 万千瓦，新能源渗透率 334%。建有电网侧储能 3 座、装机 20.54 万千瓦 /39.68 万千瓦时，占全社会负荷 48.1%。2023 年新能源发电量 18.66 亿千瓦时，占全社会用电量的 90%，昼间绿电基本覆盖用电需求。

金湖新能源均衡接入各级电网，但对系统运行仍造成一定影响。电网承载方面，受限于源荷逆向分布，县域东西部主干网双向重载并存、潮流大进大出现象明显。局部配电网消纳能力不足。电力平衡方面，傍晚光伏出力减少、用电负荷攀升，存在机组快速爬坡需求；节假日午间风光大发、存在弃风弃光风险。

📄 工作思路

坚持系统观念、统筹推进，从技术、管理、政策三方面出发，立足县域自给自足，聚焦主干网、配电网和微电网三个战场，推动源网荷储统一规划、协同发展，运行控制多级协同、友好互动，市场政策有力支撑、高效驱动，试点打造自主管理、自主平衡、自主调节的金湖县域新型电力系统，提升县域电网保供和消纳能力。

在县域层面，建设源荷适配物理网架结构，通过主配微资源调用、网络重构等线路智能投切技术，完善分层、分时调度平衡机制，实现电网方式动态调整，促进各级要素资源灵活互动，减少潮流大进大出问题。在分区层面，动态调整调控策略，提供调峰、功率实时响应等服务，优先满足大电网分区平衡等调节需求，与大电网的年交换电量稳步降低。此外，在县域电网发生大规模故障、局部电网解列时，可保障重要负荷连续供电。

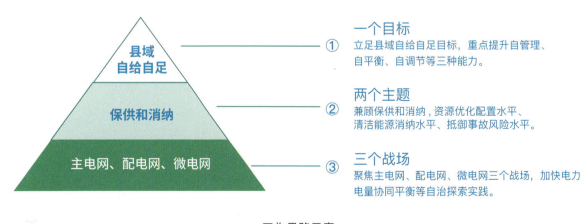

一个目标
① 立足县域自给自足目标，重点提升自管理、自平衡、自调节等三种能力。

两个主题
② 兼顾保供和消纳，资源优化配置水平、清洁能源消纳水平、抵御事故风险水平。

三个战场
③ 聚焦主电网、配电网、微电网三个战场，加快电力电量协同平衡等自治探索实践。

工作思路示意

做法实践

加强规划引领，推动源网荷储资源协同发展

推动政府开展源荷储资源摸排和发展规划，建立新能源资源分布一张图，科学合理规划集中式与分布式新能源项目的"落点"和开发节奏，结合电网规划优化布局和开发时序安排。采用"就近、就低、就地"和风光储合并送出等接入方案，提升电网资产利用效率，推动各类资源协调发展。研究基于公共电网的绿电直连技术方案，做好绿电物理溯源、碳足迹追踪。

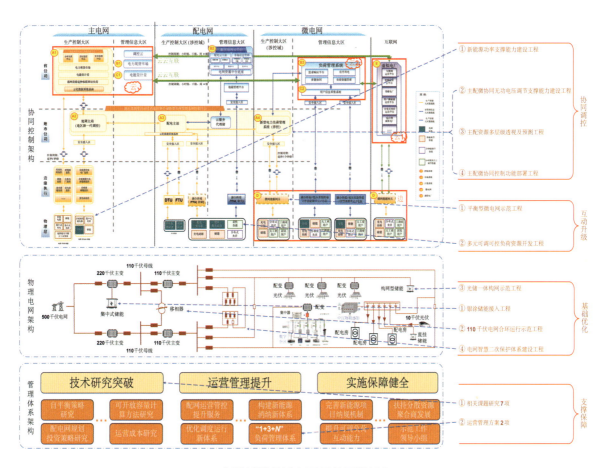

金湖低碳县域电网示范工程架构

一是优化电网基础结构。规划建设跨县域"草泽—陈桥—合意—红湖"110 千伏"两线三站"（两座 220 千伏变电站之间通过双链的方式串联两座 110 千伏变电站）网架工程。推动 110 千伏可移动式移相器落地，研究 110 千伏电网合环运行策略。结合现有分布式光伏发展趋势，完善 35 千伏电网规划，有序退出存量站点，消除重复降压及串供问题。建设中压光储构网等智慧配电网示范项目，探索储能发挥的电网替代作用，提升分布式光伏故障穿越性能。

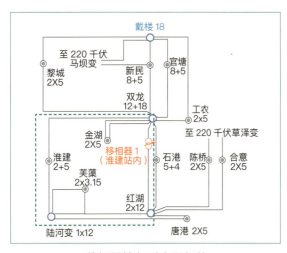

移相器接入后电网拓扑

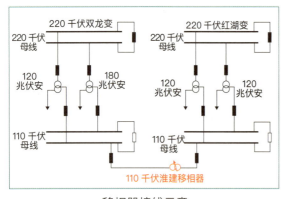

移相器接线示意

二是服务新能源发展。完成全县 395.7 万千瓦光伏、49.8 万千瓦风电潜在集中式新能源资源摸排，超前服务 12 万千瓦市场化光伏接入系统，保障 15.8 万千瓦存量风电按期并网。遥感测算全县 29 万千瓦分布式光伏开发潜力，以村为单位开展配电网承载力评估，主动为用户提供可开放容量自主查询服务，引导光伏向负荷密集、电网容量充足区域发展。

三是挖掘微电网资源。在投运自有建筑"光储充"互济微电网项目的基础上，加强效益价值分析，引导打造理士电池智能制造、华亿轴承园区等兆瓦级示范场景。"拉网式"排查工、商业用户 314 个，研究制订多场景、多类型微电网建设方案，推动"微电网 + 重大项目"共建模式落地，营造良好发展生态。

四是优化储能布局。推动各类市场主体开发分布式储能项目，加快长时储能多层级布局，探索适应储能不同技术路线的应用场景、政策需求。完成红湖、牌楼储能并网，科学引导 15 万千瓦银涂储能电站精准落点，以 2 回 110 千伏线路分路接入高压配电网，促进新能源就近、就低消纳。

强化能力建设，打造可调资源实时动态响应体系

丰富源网荷储调节手段，实时动态汇集各级要素资源可调能力，有效支撑多种运行场景下电力平衡调节需求。主网侧聚焦大电网电力需求、县域电网自治运行等多样化目标，集中生成区域网络重构、多级资源调用策略；配网侧响应主网调度需求，协同微网资源参与互济控制；微网侧通过区域自治实现内部用能优化，实现"省－地－县－配－微"分层、分区、分时、分类协同控制。

一是构建主配微多级协同控制能力。立足综合资源调度定位，丰富新一代调控系统功能应用，持续优化中低压配网的数据透视及调控能力，建立"集中 + 分散控制，AGC+UGC"的

110 千伏芙蕖综合能源站

调控模式。一方面，聚焦电网承载力、新能源就地平衡率等目标，加强新能源及负荷的预测与监控，常态化开展日前、日内分析。另一方面，开展配电自动化标准化建设，加快网络重构等功能实用化，推动运行方式动态调整，促进新能源分层分级就地平衡。

二是提升微电网互动支撑能力。加快微网终端、能量管理系统（EMS）推广，完成虚

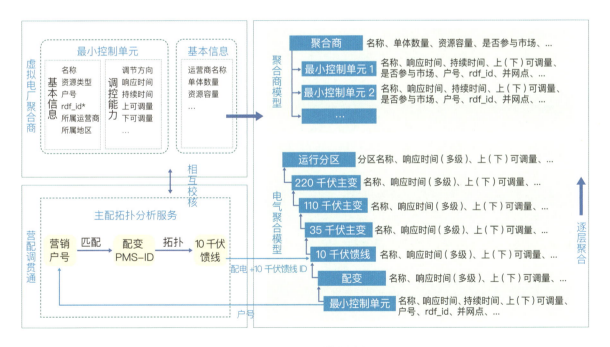

主配微多级协同控制路径

拟电厂建设，贯通"微电网 – 虚拟电厂 – 调度系统"数据链路。聚焦城市、乡村、园区"三类场景"，打造虚拟耦合的微电网群，形成协同互济、可上可下、多时间尺度响应的负荷管理体系，对内做好能量聚合和资源优化，对外以资源聚合商形式参与需求响应、辅助服务交易。

三是推进新能源"四可"能力建设。应用快速功率控制、AGC、虚拟电厂等技术，开展风光气储快速功率控制改造，制订多场景协同控制策略，建成金湖地区 16.89 万千瓦风光储毫秒级、33.69 万千瓦光气分钟级功率响应资源池，支撑系统功率响应需求。开展基于用电采集的分布式光伏"四可"建设，推进 12.67 万千瓦分布式光伏有序改造。

坚持政府主导，推动健全政策保障机制

加强与政府沟通对接，积极推动政策取得突破，以市场政策驱动新型电力系统规划建设、运行控制体系建立，形成有效市场与有为政府合力构建新型电力系统的良好局面。

一是完善分布式光伏规范管理政策。联合淮安市发展改革委等 7 个部门印发《关于进一步规范分布式光伏管理的通知》，在江苏首次明确户用自然人、户用非自然人和工商业分类标准，有效缓解借用自然人名义开发分布式光伏带来的违建、运行风险等问题。提出政企共建的"整村连片"分布式光伏规模化开发模式，打造"红色金南"等一批试点示范项目。

二是推动出台分布式储能发展政策。积极邀请江苏省能源局现场调研指导，推动出台分布式储能建设等政策（苏发改能源发〔2024〕906 号），通过小容量、多层级布局，"化整为零"解决储能占地、消防问题。细化分布式储能建设场景、型式和要求，完善分布式储能纳规、监管机制及运营收益模式，为江苏储能规划布局开辟新思路。

三是推动出台县级充换电设施建设指导意见。明确各类小区、场所充电设施配建要求，加大充换电设施的建设、运营补贴力度，鼓励电动汽车春秋季"随光而充"，2024 年春季午间充电量同比增长 167.8%。

🖥 实际成效

电网灵活互济能力明显提升

联合政府招引 15 万千瓦电网侧储能，制订 110 千伏拆分并网方案，"就近、就低"接入关键汇聚站，有效平衡东西部电网负载，延缓 220 千伏主变增容、扩建节奏。完成移相器仿真研究及项目立项，投产后进一步减少上送电量 1.04 亿千瓦时，新增电网可开放容量 26 万千瓦，解决潮流大进大出问题。

新能源健康有序发展

完成全县 395.7 万千瓦光伏、49.8 万千瓦风电潜在集中式新能源资源摸排，遥感测算全县 29 万千瓦分布式光伏开发潜力，提前谋划接入系统。服务 20.5 万千瓦电网侧储能并网投产，源荷匹配程度不断提升，新能源就地平衡率达 71.7%。开展绿电政策指导和交易规则宣传，以双边撮合等方式精准服务，提升新能源参与市场交易占比，2023 年实现绿电交易 3.9 亿千瓦时。

金湖供电公司"飞虎队"农电培基地微电网项目

可调资源池不断拓展

利用公司闲置资源，开发自有资源微电网2处，聚合可调办公负荷 300 千瓦、生产负荷 238 千瓦、光伏 417.8 千瓦。结合峰谷套利、容需量平衡、辅助服务等盈利模式，完善微电网能量管理策略，推广典型行业微电网 3处、形成可调资源 5814 千瓦。排查工商业用户 314 个，需求侧响应能力约 5 万千瓦、纳入新型负荷管理系统管理。

调度控制能力迭代升级

完成营、配、调系统全量图模同步、量测汇聚、控制穿透，构建主配微协同控制系统（UGC），实现 110 千伏及以下电压等级新能源统一调度，局部电网可实现与大电网零功率交换。建成 16.9 万千瓦风光储毫秒级快速功率控制集群、功率调节响应速率降低至 28毫秒，提升县域系统自主调节能力。电网侧储能实现"一体多用、分时复用"，形成兼顾保供及消纳的调用策略。

🔲 典型经验

运营机制方面

进一步统筹电力平衡与电量消纳，搭建金湖电网 8760 时序仿真平台，建设源网荷储协同规划平台。完善新技术、新设备的长、短期运方和控制策略，总结运行经验、提升设备利用效率。提出新能源就地平衡率、对外交换率等指标，动态跟踪示范成效。加强网源良性互动，在分布式光伏并网协议中明确"四可"管理要求，争取用户侧资源调控授权。

探索虚拟电厂调用机制和标准技术路线。

关键技术方面

试点建设可移动式移相器，通过功角自适应调节，实现东西部110千伏电网合环控制。构建县域风光气储联合参与的多时间尺度协同运行控制体系，形成功率、电压自适应控制策略。将"能源E+"等聚合商平台接入调控系统，

政策机制方面

以市场政策驱动新型电力系统规划、建设、运行体系建立。促请政府出台分布式储能、分布式光伏等管理文件及居民充电桩"随光而充"激励政策；助推农村集中居住区整村光伏连片开发，探索政、网、源共赢的建设运营模式，形成有效市场与有为政府合力共建的良好局面。

推广前景

金湖源网荷储要素齐全，风、光资源丰富，新能源发用比保持在0.9以上。金湖示范聚焦于新能源就地平衡，从技术、管理、政策三方面着手，滚动完善能源规划及电网运营方式，解决了新能源高速发展背景下的电网承载、电能质量和调度控制问题，就地平衡电量占总发电量的71.7%，已具备县域新型电力系统的典型特征，可在风光、土地资源较为富足的县域电网推广。

此外，江苏电力已将在金湖示范中采用的移相器、构网型储能等新型装备于多地投产应用，具备良好的应用基础。分布式光伏"四可"改造也沿用了"最小化采集＋数字"技术路线、经济适用性较高，同时形成了一套完整的运营管理思路，便于各供电公司复制推广。

兰考农村新型电力系统示范

· **实施单位：** 国网河南省电力公司

· **建设内容：** 依托现代智慧配电网综合示范，通过网架提升、自动化改造、数据挖掘、计算推演、协同管理、业务聚合、政策引导、市场优化等方式，全面提升兰考能源自管理、自调节、自平衡能力，打造以县域配电网为枢纽的能源"供需协同配置平台"。

· **技术特色：** 以灵活互济的网架支撑自给自足消纳，实现本地资源的高效转化利用；以智慧可靠的系统支撑自给自足匹配，实现大规模分布式资源主动调控；以协同创新的机制支撑自给自足响应，实现微电网、储能等主体协同支撑电网运行。

· **实施成效：** 破解"新能源就地消纳、配电网经济运行"难题，构建兰考能源（半）自给自足县域有源配电网，实现发电绿色低碳转型、电力安全可靠输送、可调资源精准调控、用能服务迭代升级，打造可复制、易推广的全国实践样板。

案例背景

河南兰考作为全国首个农村能源革命试点，新能源装机规模全省县域第一，本地电源实现全清洁化。高比例新能源泛在接入，兰考与上级电网电力交换大进大出，导致就地就近消纳、海量资源控制问题日益突出，电网安全运行风险增加。2022 年 7 月，国网河南省电力公司联合河南省发展改革委、兰考县人民政府发布《兰考农村能源革命实践与展望》白皮书，明确以兰考新型电力系统示范区建设为核心，全力推动兰考农村能源革命试点"升级版"建设。2023 年 11 月，国家电网公司发展部印发《关于开展第一批现代智慧配电网综合示范建设的通知》，提出在河南兰考开展能源半自给自足县域有源配电网示范建设，打造农网升级改造样板，服务大规模分布式资源高效开发和经济利用。

工作思路

为全面贯彻党的二十大精神，深入落实"四个革命、一个合作"能源安全新战略，国网河南省电力公司聚焦兰考规模化新能源接入后与大电网潮流"大进大出"、配电网内部潮流双向随机流动、多元新兴要素广泛接入带来的协同控制及自治"三大问题"，制订能源半自给自足县域有源配电网建设方案。项目旨在服务中国式现代化和新型能源体系构建，巩固并扩大兰考农村能源革命建设成果，发挥兰考"试验田"优势。项目主要围绕特征、方向、目标、任务四个方面，统筹当前与未来、发展与安全、系统与层级、管理与技术，把清洁低碳、安全充裕、经济高效、供需协同、灵活智能作为发展重点，积极引导配电网新元素有序发展，推进能源电力转型。

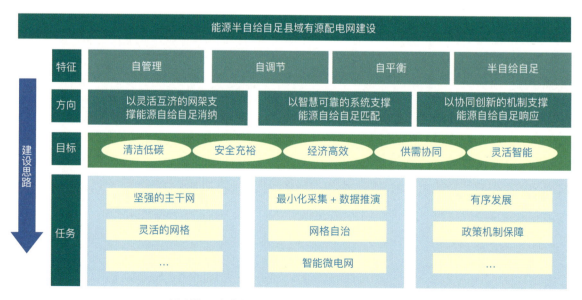

兰考能源半自给自足县域有源配电网建设思路

做法实践

国网河南省电力公司通过源网荷储资源优化布局、分层分群协调互济网架优化构建、分压电力电量优化平衡，开展兰考能源半自给自足县域有源配电网项目建设，并结合兰考农村能源互联网实验室建设开展新型电力系统示范。

以灵活互济的网架支撑能源自给自足消纳

一是支撑全域就近"消纳"。为支撑全域的分布式电源就近消纳，在一次主干网基础上，划分功能形态相对独立的供电网格，以不同类型网格内分布式新能源的就地消纳、互通互补为目标，开展高压网架及中压网架建设。

二是补强能源互济"通道"。在县域范围内形成强简有序、灵活可靠、运行安全的高压配电网架构，支撑兰考经济发展与产业布局，在解决电源支撑、重过载等突出问题的同时，根据各网格的源荷特性，补强网格间的能源互济通道，支撑多个网格聚合成特性互补的网格自治群建设，实现网格间互济，最大程度降低区域间功率波动、新能源跨电压等级传输。

三是助力网格内部"平衡"。分析各网格现状、存在问题，根据网格电源点建设情况，解决重过载、复杂联络、单辐射等问题，通过构建分段联络合理、满足分布式电源和微电网灵活接入的"工型"标准网架，提升供电网格内自平衡能力，降低供电网格自治群对配电网的备用需求和调节压力，推动多个网格聚合成特性互补的网格自治群，最大程度实现网格内自治、网格间互济。

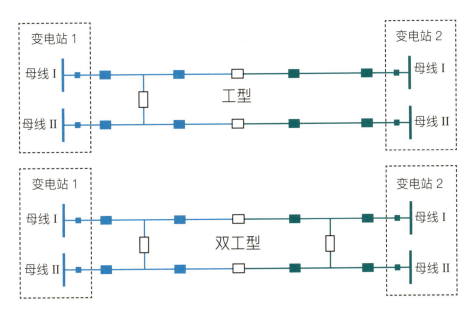

工型、双工型标准网架结构

以智慧可靠的系统支撑能源自给自足匹配

针对网格内中压馈线量测不足、新能源高渗透率下新元素感知调控新要求，统筹"自平衡、自调节、自管理"发展需求，积极推进最小化采集+数据推演、网格自治、智能微电网建设，实现主配网分层控制。

一是提升电网设备"感知"。对现有的用采数据资源进行高效利用，整合各环节电网设备、拓扑等数据，通过全域计算能力，对中压配电网的运行状态和电力潮流进行动态、精确的推演，全面提升配电网各环节感知能力，为网格自治提供电网各环节拓扑、量测、状态等数据支撑。

二是打造自动控制"大脑"。充分利用现有资源，综合各地区分布式电源接入、配电自动化实用化水平等情况，在网格内部实现故障态下的快速自愈、警戒态下的越限治理、正常态下的优化提升等不同场景下的自动控制功能，提升网格单元的安全稳定和经济运行水平。

三是构建分级调控"体系"。基于微电网群应用场景，通过源网荷储各侧资源融合配置、动态优化运行控制策略，打造具备"自平衡能力、自管理能力、自调节能力"的微电网示范，构建"主网坚强支撑，配网高效互通，微网灵活自治"的上下贯通、相互协同的主配微分级调控机制。

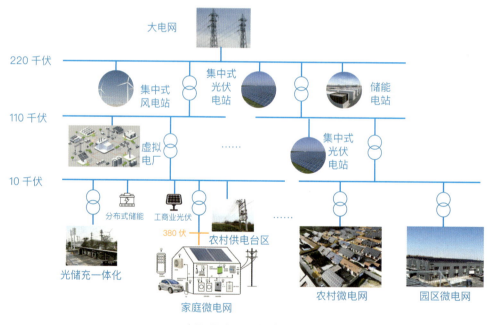

主配网分层分级控制架构

农村有源配电网分层分级控制架构

以协同创新的机制支撑能源自给自足响应

以微电网和储能的合理规划建设补强电网薄弱区域，协同微电网群、分布式储能支撑区域电网经济高效运行。以管理提升服务，以政策引导转型，以市场调节供需，共同助推县域能源自给自足响应。

一是强化储能布局"引导"。合理化规划微电网和储能，引导社会投资，扩大微电网和储能的规模，一方面积极对接当地发展改革委、能源局与投资方，共同出台投资政策，

另一方面超前规划分布式电源、电网、负荷等规划，提供微电网、储能的合理布点方案。

二是激发多元互动"潜力"。配合河南省政府和开封市政府细化完善多元互动负荷引导政策，充分发挥配电网作为区域能源数据平台的优势。建立健全支撑微电网、储能、电动汽车、负荷等灵活资源互动为核心的电力市场机制建设，积极探索成本分摊和电价疏导机制。

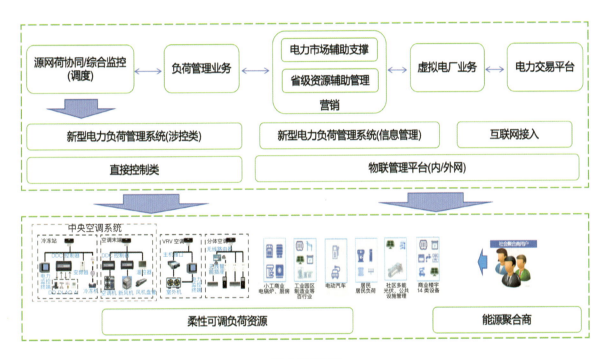

模式机制建设

以农村能源互联网技术实验室支撑示范落地

以兰考农村能源革命试点为载体，建设农村能源统一建模与仿真中心、农村"风、光、车、储、氢"真型实验基地，支撑破解"新能源就地消纳、配电网经济运行"难题，输出可复制、易推广的农村新型电力系统解决

方案。

一是打造仿真模拟"平台"。聚焦农村规模化新能源开发带来的协同运行需求，搭建农村典型用能场景全覆盖仿真环境，打造兆瓦级动模设备仿真平台及县域级数字仿真模拟平台，

实现县域新型电力系统多时间尺度、多电压等级、多类型、多场景实时仿真。

二是构建典型实验"场景"。配置风电、光伏、储能以及"三农"负荷，构建农村典型用能场景。通过灵活组网，搭建台区级、馈线级、县域级农村典型实验场景，支持开展微电网方案论证、策略验证、效率分析等关键问题研究。

兰考农村能源互联网技术实验室

实际成效

服务农村能源革命试点建设成效显著

助力农村能源生产革命，新能源装机规模跃居全省县域第一，实现 5×24 小时全清洁能源连续供电，完成能源从"远方来"到"身边取"的历史性转变。服务农村能源消费革命，完成全部 463 个行政村农网升级改造，实现全县机井通电全覆盖，基本形成"县城以集中供暖为主，农村地区优先发展电供暖"的清洁供暖格局。引领农村能源技术革命，建成国内首个县域可观可测的能源互联网平台，建成国网新能源云县级平台、县域源网荷储一体调控平台。

开展低压柔性互联等试点建设

开展低压柔性互联试点建设，利用张庄村 2 个台区开展改造，实现光储就地消纳、台区负载平衡。开展分布式光伏"四可"试点建设，全省首家实现县域分布式光伏 15 分钟级"可观可测"和"刚性可控"。开展低碳供电所试点建设，建成集供电所办公、农村能源革命成果展示、科学研究、应用示范于一体的智慧能源馆。开展县级智慧供电服务试点建设，实现停电故障精准判别到户、停（上）电信息 1 分钟内主动传送。

政企协同推动源荷协调发展

争取政府政策支持，促请河南省能源监督办公室出台《关于推进兰考县域可调节负荷资源参与电力调峰辅助服务市场交易试点的通知》，为可调负荷参与市场化交易提供了明确的交易模式和实施路径。成立全省首家县域负荷管理中心，制订负荷管理的运行机制，签约需求响应用户，发展负荷聚合商，2023 年 4 月开展电力调峰辅助服务交易市场试运行。

🏛 典型经验

项目立足于兰考新能源高渗透率的接入特点以及新能源就地、就近消纳需求，有效解决县域新能源"大进大出"等主要问题，并在技术上和模式机制上进行创新。

技术创新先行

应用源网荷储资源差异的精准网格化规划技术，对县域源网荷储资源进行评估，优化网格运行，通过大数据分析建立能源供需场景，减少设备冗余，制订高效互通的电网运行策略。应用有限量测下的分层分级协同调控技术，突破传统配电自动化，挖掘县域分布式资源潜力，构建多层级协同管控架构，提升有源配电网调控能力。应用乡镇级中压微电网同步构网与主动支撑技术，解决并联同步控制难题，实现离网运行与区域供电；优化微电网协同控制，提升频率控制与功率支撑能力。

模式机制创新并重

投资模式方面，提出微电网、储能和部分光伏改造由第三方投资并运营，可向用户售电及提供辅助服务。商业模式与交易机制方面，完善政策促进多元负荷互动，推动电力市场机制，探索成本分摊和电价疏导；制订负荷控制策略，提升服务水平，实现用户负荷无感响应。管理机制方面，推进服务指挥业务下沉，运用数字化技术提升设备管理；建立多维考核方式，提升服务水平；探索配网调控和抢修指挥模式，整合资源，强化支撑，提高供电保障和应急能力。

推广前景

本项目扎根兰考，立足河南，放眼全国，积极探索以新型电力系统建设为核心的农村能源高质量发展之路，为乡村振兴赋能、为美好生活充电。

随着"沐光行动""驭风行动"逐步推行，乡村地区将成为全国新型电力系统建设主战场，兰考作为全国首个农村能源革命试点，截至 2024 年年底已在多方面取得积极成效，得到国家各级政府的认可，相关经验已向含全国第一批农村能源革命试点县在内的多个市县推广。后续，还将积极配合政府推进电力市场建设，并在推动独立储能电站建设的同时，引导"台区储能""社区储能"等分布式储能建设，支持通过虚拟电厂等形式聚合后参与各类电力市场交易。

7 临沂市沂水县新型电力系统示范

· **实施单位：** 国网山东省电力公司

· **建设内容：** 创建"集中汇集、专变升压、配套储能"的分布式光伏接网模式，打造县域电压调控、新能源友好互动、"源网荷储"协同发展等一批典型示范，推动县域新型电力系统示范建设落地。

· **技术特色：** 建成国内首个百万千瓦级广域分布式光伏优化运行示范工程，创新应用光伏发电自适应并网、主动同步技术与集中汇集接网模式，为极高渗透率分布式光伏规模化开发提供可复制、可推广的解决方案。

· **实施成效：** 通过新型电力系统示范建设，解决了分布式光伏并网引起的过电压和反向重过载等问题，沂水县新能源装机占比等低碳清洁指标提升 20 个百分点以上，实现了县域电网与新能源的健康、安全、协同、有序发展。

📋 案例背景

2021 年，沂水县被山东省确定为整县光伏规模化开发首批试点县，为新能源发展创造了良好机遇，但规模化开发也带来了诸多问题和挑战：一是源荷分布不均衡，开发潜力和区域消纳能力匹配性不足，难以满足就近入网、就地消纳要求。二是光伏规模化开发带来台区用户过电压、电网设备反向重过载等问题，影响客户用电体验。三是电网"双高"特性日益凸显，给电力系统县域供电单元安全稳定运行带来较大挑战。为解决以上问题，必须不断进行技术探索和管理机制创新，先行先试，加快建设适应区域用电负荷特征的场景示范，为新型电力系统科学发展提供积极借鉴。

📜 工作思路

以国家发展改革委等三部门印发的《加快构建新型电力系统行动方案（2024—2027年）》为指引，紧紧围绕新形势下沂蒙红色老区能源转型和电力保供任务，以"源网荷储协同发展"为主线，以"四个强化"（强化政企协同、强化规划引领、强化创新驱动、强化示范先行）为支撑保障，推动"五个提升"（电网承载力提升、消纳能力提升、电压质量提升、数智赋能提升、社会效益提升），打造县域绿色低碳转型发展新高地，全力构建清洁低碳、安全充裕、经济高效、供需协同、灵活智能的新型电力系统。

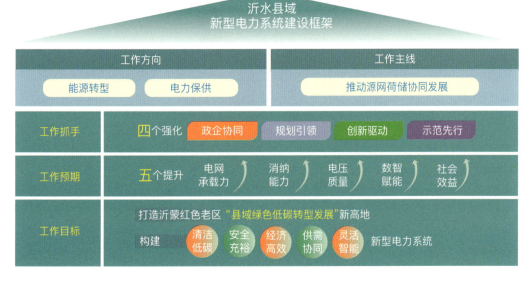

沂水县示范建设框架

做法实践

创建"集中汇集、专变升压、配套储能"接网模式

一是建成 17 个"集中汇集、专变升压、配套储能"光伏整村开发示范工程，有效解决分布式光伏开发带来的台区过电压、配变反向重过载、消纳能力不足等问题，保障分布式光伏应接尽接、就地就近消纳。

二是应用具备"六保护 + 六监控"网源分界开关和有功功率控制 + 无功功率控制（AGC+AVC）双调节的四合一终端等新设备，

实现分布式光伏运行状态实时监测、发电信息分钟级采集、用户刚性控制、功率电压柔性调节"四可"管理。

三是部署电能质量信息监控采集单元，实现分布式光伏发电产生谐波第 2-21 次数据采集和监控，为分布式光伏接网后的调控运行、谐波定位、电压治理提供可靠支撑。

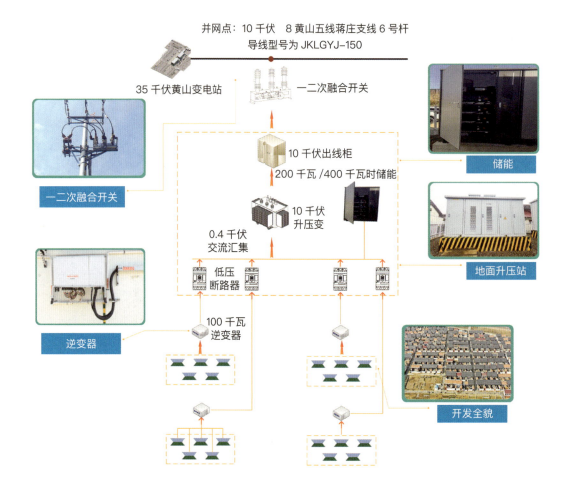

整村开发示范工程接网模式

开发应用县域农村新型电力系统电压调控新技术

一是以智能融合终端为核心，以"智能电容、光伏逆变器、有载调压变压器、用户电表"为感知调节设备，实现对用户电压数据实时采集分析和超短期负荷预测。

二是以提升光伏台区电压质量为突破点，创新提出基于新九域❶的电压调整策略，构建基于智能融合终端的台区电压区域自治系统，

在沂水县东山村完成首个示范落地。

三是对越限原因进行自动分析解耦，判断是否存在档位不合理、光伏并网点电压高、无功缺额大等问题，自动执行档位调节、电容器投切等策略，实现台区配变档位自动调节、无功功率精准补偿，做到台区无功功率、电压的就地自适应调节。

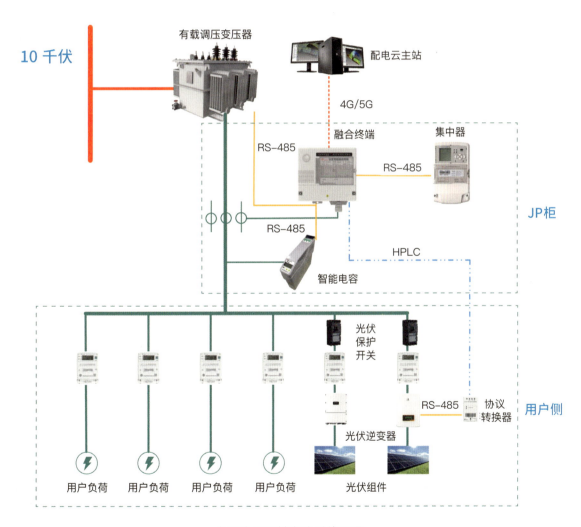

台区电压区域自治系统原理

❶ 电压无功控制策略九域系统是指以电压上下限加功率因数上下限做为约束条件，将电压无功状态分割成九种状态区域，在此基础上增加调节配电变压器和电容器档位引起的电压无功状态变化，将原九域状态细分解成十七种区域（即新九域），使状态解耦更精准，调节效果更好。

打造村域新能源友好互动新典范

一是以沂水县碳达峰、碳中和为目标，探索中低压农网与分布式发电网有机融合的创新应用场景，建设"源网荷储充"一体化智能微网，在沂水县上小庄村率先示范落地。

二是开展"光伏+车棚+充电桩+储能""光伏+""光储直柔"直流微网等多场景建设应用，建立村域"源网荷储充"协同自治和电网友好互动模型。

三是研发"就地控制－区域自治－全局优化"源网荷储能源智能调度系统，对区域内源网荷储各要素进行有机连接、智能调控，实现沂水村域全绿电供应，打造以新能源为主体的多元化电力供应体系。

村域一体化智能微网

建成"源网荷储"协同发展新样板

一是先行开展沂水县"十四五"分布式光伏开发配套电网规划研究，统筹各级电网规划建设，推动电网规划与整县分布式光伏开发深度融合，以电力系统稳定运行支撑新能源可持续健康发展。

二是政府、供电公司、光伏企业等多方联动，协同推动分布式光伏科学发展，促请政府出台《分布式光伏开发指导意见》，引导企业做好开发区域、规模统筹，优化光伏并网模式，实现高效开发。

三是积极探索新型储能优化布局及高效利用，全力推进"独立+配套+分布式"三级储能体系建设，完成兵房国投储能电站等县

域储能示范工程 23 个，年可实现充放电量约 6000 万千瓦时，有效提升区域新能源消纳能力和系统灵活调节能力。

兵房国投储能电站

🔖 实际成效

沂水县通过新型电力系统示范建设,实现了"源网荷储"协同发展,取得了良好的经济效益和社会效益。

电网更加坚强可靠

截至 2023 年年底,沂水县域变电站全部实现双主变运行、双电源供电,配电线路联络率 100%,配电自动化终端在线率、遥控成功率均保持在 98% 以上,故障自愈水平由 35.67% 提升至 98.86%,县域综合电压合格率由 98.23% 提升至 99.85%,供电可靠性由 97.64% 提升至 99.95%,主配变未出现反向重过载情况,沂水获评国网无功电压先进型示范区。

推动绿色低碳发展

"十四五"以来,沂水县域新增光伏装机容量 256 兆瓦、风电装机容量 49.8 兆瓦,储能总装机容量 103.7 兆瓦 /208 兆瓦时。截至 2023 年年底,新能源装机占比由 48.24% 提升至 73.20%,新能源发电占比由 44.32% 提升至 66.16%,新能源实现百分百消纳,绿电交易占比提升 14.07 个百分点,为推动沂水

县产业振兴和美丽乡村建设提供了有力支撑。

取得显著社会效益

截至 2023 年年底,沂水县新能源装机总容量 759.43 兆瓦,年发电量 12.15 亿千瓦时,年节约标准煤 39.85 万吨,减少二氧化碳排放 121.13 万吨。上小庄村域智能微网建设做法入选山东省 2024 年能源绿色低碳转型典型案例。国家能源局调研时给予高度评价,大众日报等多家媒体对沂水光伏开发典型经验进行专题宣传。

入选山东省能源绿色低碳转型典型案例

🔖 典型经验

以政企协同推动县域清洁能源有序发展

构建"政府 + 企业"两级新能源开发管理专班,推动政府出台新能源建设规范及指导意见;国网山东省电力公司严格执行可开发容量

机制,引导企业优先在消纳能力强的区域建设,共同实现新能源安全有序发展。

分布式光伏自适应并网项目（国家重点研发计划专项）启动会

以并网自适应技术支撑光伏规模化开发

承接国家重点研发专项示范工程，创新应用智能感知、功率预测、自适应控制、集群自治、主动支撑以及广域协同调控技术，为光伏规模化开发提供了可复制、可推广的解决方案。

以科学规划推动"源网荷储"一体化建设

密切跟踪政府能源发展规划，制订新型电力系统建设"三年规划"，围绕新能源开发开展规划、建设、运行三个专项行动，持续推进数字化、智能化电网建设，推动独立储能、分布式"云储能"等多元化发展，提升就近消纳及电网灵活调节能力，支撑新能源应接尽接。

推广前景

在新型电力系统示范建设过程中，临沂市沂水县先后探索打造了科学接网模式、台区电压自治技术、村域智能微网和数字化电网建设等多类应用示范，解决了整县光伏开发带来的接网、消纳、电压越限等难题，初步构建了以新能源为主体的新型电力系统，可推广应用于开发规模大、源荷分布不均衡、分布式渗透率极高的整县光伏开发场景。"源网荷储充"智能微网能够有效提高农村电力系统的效率与可靠性，促进清洁能源的快速发展，可广泛应用于县域配电线路的末端、深山林场等远离负荷中心的场景。

8 # 河北涉县合漳水光储微电网示范

- **实施单位：** 国网河北省电力有限公司
- **建设内容：** 基于合漳乡丰富的水电、光伏资源，通过电网结构优化、建设构网型储能、小水电和光伏控制系统改造等，打造十兆瓦级水光储微电网，强化自我调峰、自主平衡，提升边远山区电力保供和新能源消纳能力。
- **技术特色：** 一是储能并联控制技术创新，可实现故障下暂态电流冲击降低 30%。二是创新"构网储能 – 水轮机组"主动支撑，抗扰动能力较光储系统提升 10% 以上。三是整合专业系统，实现源网荷储协同调度，具备长期离网运行能力。
- **实施成效：** 优化电网结构，缩短供电半径，减少故障影响范围；上级电网停电时可长期离网运行，提高防灾抗灾能力；通过储能调控功能，解决居民过电压、低电压问题；优化电力潮流，峰谷差降低 40% 左右。2024 年 4 月 15 日，央视新闻联播、新华社、人民日报等媒体进行宣传报道。

案例背景

河北涉县合漳乡位于晋冀豫三省交界、太行山深山区，当地水光资源丰富，水电光伏总装机容量 6.83 兆瓦。受山区地形限制，供电区相对独立，仅由 1 条 10 千伏线路单辐射供电，线路总长 99.32 千米，防灾抗灾能力弱。季节性低电压与过电压并存，清洁能源大发时，千余户客户末端电压过高，影响居民电动汽车充电等正常生活用电。

工作思路

国网河北省电力有限公司围绕新型电力系统清洁低碳、安全充裕、经济高效、供需协同、灵活智能五大特征，因地制宜发展微电网，推动大电网与分布式微电网融合发展，助力电力系统形态升级。坚决贯彻落实党中央、国家电网公司相关工作要求，锚定"安全 - 绿色 - 经济"三大目标，在做好示范区内负荷分析与预测、分布式电源出力特性分析的基础上，确定了以构网型逆变器为核心，建设以水电为主，源网荷储高效互动的技术路线，以可靠性与安全性设计为目标，综合考虑了储能电站的选址布局、与大电网协调发展和技术经济性比选，打造邯郸涉县合漳水光储智能微电网，为大电网延伸困难地区供电可靠性提升提供系统性解决方案。

做法实践

示范工程中，新建 10 千伏开关站 1 座，将合漳 032 线一分为四接入开关站，依托开关站构建源网荷储协同调控的 10 兆瓦级微电网系统。微电网供电范围包括合漳乡 19 个行政村，电力用户 7322 户，用电负荷约 3.11 兆瓦；涵盖 6 座水电站，装机容量 2.83 兆瓦；屋顶分布式光伏 147 户，容量 3.27 兆瓦；配置 2 兆瓦 /4 兆瓦时储能 。

建设乡镇级微电网示范

一是在现有 10 千伏合漳乡电网基础上，构建以构网型储能电站（2 兆瓦 /4 兆瓦时）为核心的并 / 离网型 10 千伏微电网，将 10 千伏合漳 032 线路一分为四，具备微电网从上级 35 千伏变电站并离网模式切换。

二是以现有小水电和上级网电共同支撑本地用电负荷，通过现有的合漳 032 主干前段与上级 35 千伏西达站联络，将现有线路的温和分支、太仓分支和主干后段作为 3 条独立出线，达到缩短供电距离的目的。

三是在离网模式下，通过并离网模式自动切换，以本地水电和储能互补，实现较长时间离网运行。

智慧赋能提升电网数字化水平

一是持续深化大云物移智链、电力北斗

和数字孪生等新技术应用。在电源侧以张各台水电站为试点，改造3台水电机组控制系统，实现出力远程柔性调控；其余水电站出力纳入刚性调控；分布式光伏加装远程控制器，通过分布式光伏集控平台，实现光伏出力的调控。

二是在电网侧将合漳032线上现有的开关升级改造为智能开关，各台区加装智能融合终端，实时采集设备信息，处理并上传至微电网管控平台。

三是在负荷侧积极与用户沟通，如抽水

负荷、小工业负荷，为可调负荷加装控制开关，接入管控平台，实现负荷可调可控。

涉县合漳水光储微电网储能电站

搭建微电网管控平台

一是在储能电站部署1套水光储充微网能量管理系统（EMS）。通过实时监测微电

网多节点电压，并快速、准确、平滑地响应地区有功功率和无功功率变化，解决水电发

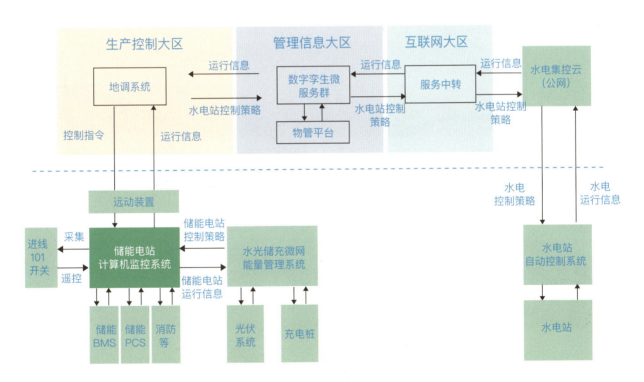

涉县合漳乡光水储微电网控制架构

电随机性、间歇性、波动性等问题，提升电网电能质量。

二是将水光储充微网能量管理系统部署在储能电站。作为水光储充微网的核心控制系统，同时监控储能电站、光伏发电系统、充电桩和水电站，实现源网荷储协同调控，保障微电网示范区安全稳定经济运行。

实际成效

提升末端电网保供能力

通过微电网建设，线路一分为四，分支线路故障就地隔离，不再影响整条线路，2024 年上半年停电时户数同比减少 39%。同时，在上级电网停电时，通过储能、小水电、光伏的互动，可保障微电网自给自足连续运行 7 天以上，有效提高电网末端供电韧性。

改善电能质量

微电网投运前，丰水期 10 千伏电压最高达 11.8 千伏，居民烧损电器情况时有发生，电动汽车无法稳定充电。微电网投运后，通过储能 AGC/AVC 调控功能，10 千伏线路电压持续保持稳定，居民烧损电器和电动汽车充电问题得到有效解决。根据典型日对比，合漳开关站 10 千伏母线电压整体降低 0.5 千伏左右，

供电员工服务涉县鲟鱼养殖产业

午间降低超过 0.7 千伏；典型台区低压侧电压降低 15 伏左右。

维持在 1 兆瓦左右，当日峰谷差由 2.213 兆瓦削减为 1.373 兆瓦，减少 37.9%。

减少大电网调峰压力

通过源网荷储协同互动，提升电力电量就地平衡能力，减少电网峰谷差。以 2024 年 7 月 16 日为例，天气晴朗，08：00—19：30 微电网以联络线功率模式运行，调控返送功率

增加山区人民收入

微电网建成后，本地新能源因电网故障、过电压等原因脱网情况大幅减少，光伏利用小时数由约 1000 小时提升至约 1200 小时，年增加收益约 23.8 万元，有效增加革命老区人民收入。

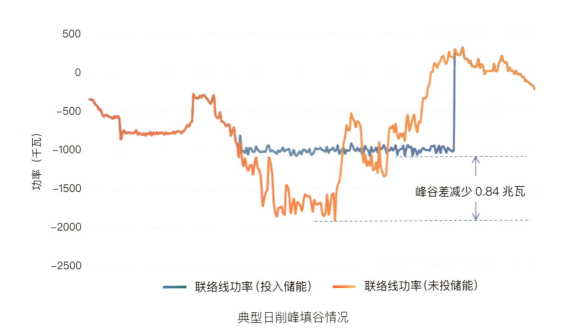

典型日削峰填谷情况

🏛 典型经验

积累储能电站运行经验

明确了省市公司专业指导、县公司属地负责的调度、运维模式，编制了《合漳储能站调控运行指导手册》《合漳储能站现场运行规程》，积累了储能电站运行管理经验，保障安全运行。

探索典型运行模式

微电网在并网运行状态下，根据不同天气状况和运行目标，制订了削峰填谷模式、联络线功率模式、备电模式三种运行状态，由县调根据气象状况和供电需要，选取最优模式。

探索长期离网运行

在国内首次完成并网型微电网连续168小时离网运行，期间经受水电、光伏投切等扰动，历经多种天气，始终保持离网稳定运行，为探索十兆瓦级微电网离网运行的稳定机理和影响因素，积累了宝贵经验。

推广前景

本项目通过储能 AGC/AVC 调控功能，通过调节储能功率，减少与上级电网潮流交换，降低电力系统调峰压力，提高电压合格率，解决潮流"大进大出"、过电压与低电压并存的问题。依靠储能电站调节，发挥偏远山区自然资源优势，提升清洁能源就地消纳能力，减少对大电网的调峰依赖。通过并离网控制器及能量管理系统，上级停电情况下可实现离网运行，提高了位于电网末端的合漳乡供电韧性。基于以上特性，本项目在提高与大电网联系薄弱地区供电能力和可靠性，提升微电网自我调峰、自主平衡方面，有很强的推广潜力。

莆田湄洲岛全场景绿电示范

- **实施单位：**国网福建省电力有限公司
- **建设内容：**湄洲岛围绕地区能源结构合理、建设基础好、政策支撑足的特点，聚力在控排放、增绿电、治污水、强电网、提能效、强管理等方面开展建设，打造全场景绿电应用示范，全力支撑地方政府"零碳岛"建设。打造风光储协同、柔直互济、全自愈、全感知、清洁消纳的智慧配电网；推广消费侧电力替代；建设绿色电力建筑、绿电治污水系统、海岛级双碳平台等。
- **技术特色：**电网实现全自愈、全感知、光纤+5G电力专网全覆盖。打造台区级、建筑级微电网，创新应用新能源直流并网直流消纳模式，实现源网荷储的自主协同调度控制。建成全国首创的多端互联低压柔性微电网，投运当年实现国内的"5项首创"。
- **实施成效：**建设风电、光伏、微电网、电能替代等相关示范工程。2023年终端电气化率达94.62%，自动化发展指数100%，供电可靠性达5个9，新能源减碳16730吨。相关案例在联合国气候变化大会等国内外多个大型会议亮相，获多方肯定。

案例背景

湄洲岛位于福建沿海中部，是莆田市的第二大岛，陆域面积 14.35 平方千米，常驻人口 4 万人。湄洲岛是全球 3 亿妈祖信众的心灵原乡，作为典型的旅游海岛，岛上没有工业，产业以旅游业为主，每年约 300 万游客，2023 年全社会最大用电负荷 2.4 万千瓦，全年用电量 8080 万千瓦时。周边风光资源丰富，风电小时数和光伏小时数分别达 4300 小时和 1300 小时，标准自动化馈线率 100%，低压架空线路绝缘化率 100%，有较好的新型电力系统建设基础。2021 年起，国网福建省电力有限公司率先参与地方政府提出的"零碳岛"建设，并积极引导各方加入，打造企业、社会、居民共同参与的全场景绿电示范。

工作思路

以"因地制宜，以点带面"为实施路径，打造"零碳岛"建设的湄洲样板。即在文旅升温中丰富电网护航本领，在海岛绿色发展中彰显电力价值，在全社会形成"零碳岛"辐射传播效应。打造"四个示范"：一是清洁零碳示范，全面服务海岛"零碳"建设目标，适应岛上各类用户电气化水平提升，提供与环境协调、可复制的典型解决方案；二是海岛自愈示范，打造坚强网架结构，适应海岛防风、防污、停电自愈率需求，建设数智、可靠、灵活的高能级配电网；三是绿色文旅示范，采用新型电力系统解决方案提升旅游区保供电工作，运用低压柔性微电网、能源替代等方式，提供多台区、多种能源互济的负荷及电源调控综合方案；四是数字孪生示范，打造以电力为核心的能源及碳管理数字孪生平台。

做法实践

湄洲岛围绕地区能源结构合理、建设基础好、政策支撑足的特点，聚力在控排放、增绿电、治污水、强电网、提能效、强管理等方面开展建设，打造全场景绿电应用示范，全力支撑地方政府"零碳岛"建设。

打造支撑清洁能源规模化接入的智慧配电网

一是湄洲岛地区近 3 年来电网建设投入 4743 万元，重点提升全岛电力系统供电可靠

全场景绿电应用示范建设路径

性、电气智能化、控制灵活度，优化湄洲岛配网结构，解除复杂联络，推进大分支转主干线工作，逐步实现全岛高压线路缆化入地。

二是打造"多端互联低压柔性微电网""海岛线路全自愈示范""低碳透明全场景感知台区示范建设""湄洲岛多维多态电网一张图"等一批可复制的海岛新型电力系统示范项目。实现 10 千伏馈线故障的快速隔离和

自愈，确保主干全程快速响应，停电范围缩至最小。实现融合终端百分百覆盖，随着设备通信功能的提升，实现基于台区全感知的高级应用建设。

推动化石能源绿电替代

一是湄洲岛从 2019 年 7 月 1 日起禁止新增燃油车上岛，同步实施"电动莆田"三年计划补贴政策，每年补助资金不低于 2500 万元。通过大力推广新能源汽车，完善充电桩布点，全岛已实现公共交通全电绿色出行。

二是实施全电厨房改造补贴政策，补贴改造费的 30%，最高 5 万元，电厨房改造后平均用能成本仅有液化石油气的四分之一。通过化石能源电替代，近三年年均减少化石能源消费 717 吨，2023 年全岛化石能源消费仅占 5%，电力消费占 95%。

湄洲岛多端互联低压柔性微电网

湄洲岛全电绿色出行

实施电力绿色改造

一是实施海岛"清风工程"和"阳光工程"，大量建设和接入新能源。湄洲岛常规负荷 10 兆瓦，历史峰值负荷 24 兆瓦，现已接入 48 兆瓦陆上风电，1.4 兆瓦分布式光伏和 2 兆瓦时储能。

二是推进 400 兆瓦海上风电项目（已批复同意建设）和 100 兆瓦渔光互补项目配套 10 兆瓦 /20 兆瓦时储能。配合地方政府持续吸引大型国企、社会资本投资，推进广场、环岛步道、大型酒店屋顶、蔬菜大棚等光伏、储能投入，进一步提高岛内新能源发电的占比。

湄洲岛特色彩虹光伏

打造绿电治污系统

湄洲岛打造贯穿全岛的"中水回用工程"，建设"绿电"覆盖污水处理及中水回用站的风光储系统，以"绿电"治污，污水处理厂日处理 4000 多吨污水，处理后的中水百分百循环利用，作为岛上农业灌溉、道路清洗、公厕用水。以绿色电力为驱动的水资源回收利用系统每年循环用水 150 万吨，占全岛用水总量的一半。支撑地方政府完成污水处理厂光伏项目。

湄洲岛绿电治污系统

绿电赋能建筑能效提升

在湄洲岛妈祖文化论坛建设新能源特色产品示范基地，拥有白天发电晚上发光的光能地砖，也有既能发电又能播放视频的光电透明屏，还有跟踪太阳光角度的追日光伏。湄洲岛在新增建筑中全面推广超低能耗建筑设计，通过提升建筑本体结构的热工性、隔声性、气密性、新风量，实现自然冬暖夏凉，降低建筑的本体能耗。通过接入分布式光伏和储能，在示范建筑中实现了电力供给的自平衡。

湄洲岛妈祖文化论坛新能源特色产品示范基地

建设海岛级双碳平台

一是引入 ESG（环境、社会与治理）评估体系，打造了海岛级碳管理平台。这一平台在线监管全岛建设及岛上企事业单位的能源消费和碳排放情况，地方政府根据监管对标结果，鼓励企业在环境、社会和治理方面取得更好的绩效，对碳排放较高的企事业单位进行低碳和节能改造。供电公司超前介入，有序引导市场主体参与新型电力系统源侧和荷侧建设。鼓励多元主体更多地承担全岛能源清洁化和保障电网安全的责任。

二是在湄洲岛生态双碳监测平台建设中，采用无人机点云扫描加手工建模修正方式，打造覆盖全岛的三维模型（城市信息模型）CIM，该模型将作为全岛公共事业管理的基础数字孪生底座。供电公司在该模型基础上，建设湄洲岛多维多态电网一张图，实现历史态的对标监管、实时态的监测研判、未来态的预测推演。

湄洲岛双碳平台

🖥 实际成效

在电力高质量发展中取得显著实绩

全岛标准自动化网架覆盖率100%，海岛10千伏线路自愈覆盖率100%，主配通信网支撑指数100%，绿色电力消纳率100%，10%的负荷可调节，全面提升电网气候弹性、安全韧性、调节柔性和供电保障能力，湄洲岛全场景绿电示范为统筹新型电力系统安全、低碳、经济"不可能三角"提供了参考。

在海岛绿色发展中彰显电力价值

通过电能替代及绿色电力改造，2023年全岛终端电气化率达95%，52.95%的电能来自直接接入的新能源，其余来自大电网（其中67%为清洁电能）。大幅降低居民用能成本，居民厨房用能成本降低3/4，交通出行成本降低6/7。创新建设以绿电治污的风光储充微电网，循环水占全岛用水总量的50%，解决海岛自身供水不足问题。

GDP：23亿元
旅游收入：35.4亿元

2023年
环保
度电碳排放：
0.184千克二氧化碳

安全 供电安全性
99.9915%

2021年
环保
度电碳排放：
0.232千克二氧化碳

GDP：20.62亿元
旅游收入：28亿元

安全 供电安全性
99.9885%

GDP：18.47亿元
旅游收入：23.6亿元

2019年
环保
度电碳排放：
0.283千克二氧化碳

安全 供电安全性
99.9681%

湄洲岛"不可能三角"趋势图

湄洲岛绿色自然低碳环境

在能源行业形成"零碳岛"辐射传播效应

湄洲岛的双碳相关案例多次在人民日报、新华网等主流媒体报道。申报的"零碳岛"案例入选2024年"零碳中国"优秀案例，入选联合国可持续发展最佳实践，在联合国气候变化大会亮相，在农村能源发展大会、综合智慧能源大会上亮相并作专题报告。推动湄洲岛与国内国际岛屿组成"零碳岛"联盟。

零碳中国优秀案例

湄洲岛智慧夜景工程

📖 典型经验

绿电能效服务多源多荷消纳场景

首创中水回用绿电治污工程，打造并网型特色多源多荷消纳场景，采用就地消纳电价与协议电价的乡村振兴资金投资光伏，接入中水回用自建的风光储充微电网，为多种负荷提供多种电源选择。该模式在就地消纳范围内建立市场化光伏交易机制，用户负载端可根据市场化电价的浮动情况，自由选择消纳的时段和对象。

全国首创多端互联低压柔性微电网

多端互联低压柔性微电网项目是国内首批国网Ⅰ、Ⅱ型低压柔性互联装置的首次研发、首次工程实践，是国内首个分散式低压柔性直流系统，首个环网型低压柔性直流系统，是首个包含交流光伏、直流光伏、交流充电桩、直流充电桩、V2G充电桩、移动储能车等完备元素的微电网。首次为低压柔性互联装置增加并离网自主切换功能。首个能够自主管理、自主调节、自主学习的源网荷储协同控制策略模型。

促成地方政府出台低碳发展配套政策

湄洲岛供电公司积极促成地方政府出台全电厨房改造补贴政策，补助全电厨房改造费的30%。推动地方政府出台《"电动"莆田三年计划》每年安排新能源补助资金不少于2500万元。推动地方政府出台整村光伏试点政策，推动在公共建筑先行试点分布式光伏，通过上级财政补贴及乡村振兴资金补助光伏试点。

推广前景

多源多荷消纳商业模式解决方案，为绿色园区的建设提供了开放式投资的参考方案。试点应用的多源多荷消纳场景，在就地消纳范围内尝试了市场化光伏交易机制，可在有绿色园区、绿色校园、绿色工厂等建设需求但自有资金不足的用户中广泛推广。

首创的多端互联低压柔性微电网解决方案，通过微电网内的区域自治、柔性调配，能有效解决新能源消纳对大电网过度依赖问题，可广泛适用于直流配电网建设、区域电网集群供电及新能源高效消纳等场景。

"聚合商"能效服务+"可调节负荷"解决方案采用由政府或社会投资，供电公司牵头，国网产业公司参与建设的模式，不仅增加了综合能源服务的收入，其开发项目能够较好转化为电网的可调节负荷资源。该模式可在政府性涉电景观工程、商业体智能化改造、工厂节能改造等项目中推广应用。

巴州基于分散式电采暖的台区负荷柔性控制

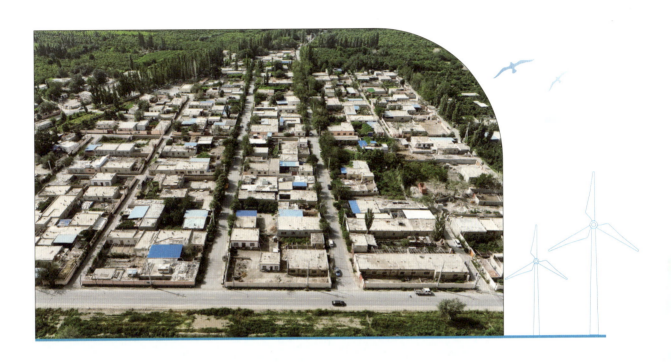

· **实施单位：** 国网新疆电力有限公司、国家电网有限公司客户服务中心

· **建设内容：** 探索通过负荷柔性控制方式，解决北方冬季分散式电采暖造成的台区重过载和区域性电力供需失衡难题，构建"线上平台监控＋现场设备执行"的柔性控制体系，实现分散式电采暖运行状态可观可控、区域负载动态平衡。

· **技术特色：** 面对居民电采暖设备功能简单、不具备通信功能等问题，在避免更换供暖设备、压降单户投资的前提下，采用升级电采暖设备主控板、加装具备通信功能的温控器两种途径，实现电采暖设备与主站的实时通信和远程测控。

· **实施成效：** 通过在冬季重载台区执行负荷柔性控制策略，以不影响居民采暖质量为前提，可动态降低台区负载率 10%～40%，投资成本仅为实施台区增容改造的 19%，在降低公司配电网建设费用的同时，提高了电力供应可靠性。

案例背景

近年来，随着国家对环境保护和能源结构调整的重视，新疆地区积极响应国家"双碳"战略，国网新疆电力有限公司（简称国网新疆电力）作为新疆地区的主要电力供应企业，在煤改电工程中发挥着举足轻重的作用，大力推动"煤改电"工程，全疆"煤改电"用户达到145万户。受电采暖负荷特性影响，农村地区接入电采暖用户的公变台区负载率普遍呈现为冬季晚高峰重载、其他时间轻载，且重载时段短暂且集中，直接增容改造变压器经济性不高。如何在不影响居民用电和采暖体验的前提下，有效缓解台区变压器重过载问题，保障区域性电力供需平衡，成为当前亟待解决的难题。

工作思路

国网新疆电力针对分散式电采暖用户公变台区负载率冬季晚高峰重载、其他时间轻载，区域电网削峰填谷能力弱等特点，依托"煤改电"工程，有效挖掘分散式电采暖作为柔性负荷可调潜力。积极推动项目立项，接洽服务厂商，确定服务内容、项目要求。以交流座谈、上门拜访、调研走访等多种形式，与分散式电采暖用户开展深入沟通交流，确定试点台区。搭建电采暖负荷管理平台，以技术路线实现电采暖柔性控制和台区负载率动态平衡，有效缓解电网压力，以点带面推动柔性负荷控制实施见效，调动整村分散式电采暖可调节负荷资源参与电网运行调控。

做法实践

国网新疆电力选取14个冬季乡村重载典型台区，151台电锅炉，为居民电采暖设备实施无线测控改造，接入负荷管理系统，冬季电供暖负荷高峰期间，充分利用物联网控制技术，通过对电锅炉定时轮控、智能调节运行挡位等技术手段，不断优化控制策略，智能开展错峰用电，有效缓解电网压力，保障配电线路和变压器安全稳定运行，实现台区分散式电采暖运行数据实时采集、实时展示、实时调节。

构建柔性控制技术路线

充分考虑系统场景、通信链路、设备改造等因素，研究确定平台层、通信层、设备层三级架构。平台层依托负荷管理系统对分散式电采暖数据进行统一分析处理；通信层利用4G网关和无线专网，实现数据上传下达；设备层实时采集电采暖运行状态，并执行操作指令。

一是基于负荷管理系统对数据统一分析处理。平台层依托负荷管理系统，对分散式电供暖数据进行统一管理，对下接入各类电供暖资源，收集相关的档案和实时数据（实时负荷、温度、运行状态等），分类、分区域进行聚合和展示；当监测到电网有调节需求时，按照控制策略自动生成调控指令，下发到各个分区进行调控。

二是柔性控制通信网关构建。通信层在电锅炉控制面板附近配置无线智能通信网关，采集现场电锅炉控制面板数据，执行平台操作指令，利用 4G 网关和无线专网，实现数据上传下达，通过 RS–485 接口与能源控制器或锅炉控制面板实现数据交互。

三是数据采集、指令执行。设备层实时采集电采暖运行状态，并执行操作指令。

建立柔性控制管理体系

一是建立可调节负荷资源池。将所有分散式电采暖负荷按照供电区域、所属台区进行分类，制订电采暖柔性控制台账。通过监测每台电采暖设备的功率、挡位及温度等数据，对电采暖设备进行分类型、分客户和分区域的可调控负荷聚合，建立可调节负荷资源池。

二是建立"用户 – 台区 – 县市"三级负荷管理系统。此系统提供锅炉状态监测大面板，提供各变电站以及用户锅炉运行情况展示，通过地图显示各电站具体位置，支持放大缩小，并展示告警数目和具体信息。

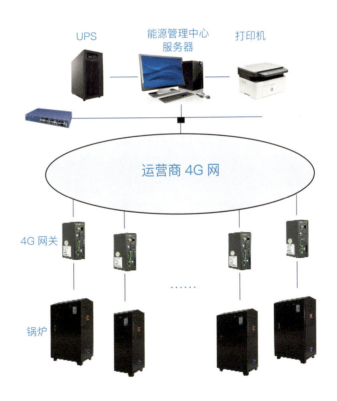

柔性控制通信网关

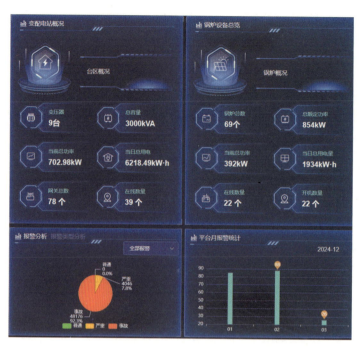

负荷管理系统界面（部分）

完成电采暖设备通信改造

一是设备安装调试。在公变台区侧安装量测单元，在居民电锅炉侧安装智能网关，破除设备侧通讯壁垒。

二是技术路线再升级。结合"网关+主控板升级"和"网关+温控器升级"两种技术路线，破解家用电采暖设备通讯功能缺失的难题，能够广泛适用各品牌电采暖设备，满足平台量测和控制功能需要，实时获取当前电锅炉启停状态、温度、挡位、功率等信息，智能网关可根据控制策略指令，实现电锅炉远程启停、挡位调节等功能。

控制策略优化，开展试点研究

一是优化电采暖控制策略。利用电采暖负荷数据、台区变压器负荷以及环境温度协同监测分析，根据电采暖量大、保暖时延特性，优化协同电采暖负荷控制策略。在不影响居民冬季供暖的前提下，充分利用物联网控制技术，进一步优化控制策略，通过"调挡＋轮停"两种柔性控制策略，实现台区电采暖负荷自动控制。

二是开展试点研究项目。在特定地区开展分散式电采暖柔性控制试点研究项目。通过居民环境测温、定时轮控等技术手段和先进的物联网通信方式，在不影响居民供暖感知和体验的前提下实现电采暖负荷柔性控制。

台区变压器巡视

实际成效

建成电采暖负荷管理系统

实现了各公变台区和电采暖设备运行情况全景展示，通过地图图钉坐标和颜色，直观显示用户地理位置和实时状态，同时具备台区变压器负载率、功率监测、控制策略编辑、故障告警提示、历史数据查询等功能，服务电采暖柔性控制和台区负载率动态平衡。

打造因地制宜的柔性控制策略

对于采用"网关 + 温控器升级"模式改造，不具备调挡功能的电锅炉、碳晶板，启用定时轮停策略，实现设备分批、分时间启停；对于采用"网关 + 主控板升级"模式改造，具备调挡功能的电锅炉，启用调挡控制策略，实现设备自动降挡、自动升挡。系统管理员

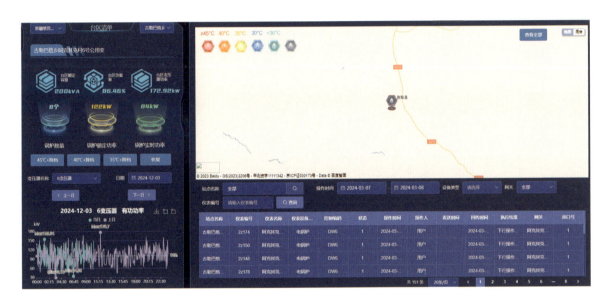

负荷管理系统台区级界面

自由编辑控制策略，可系统自动判断下发，也可手动触发，现场智能网关会根据控制策略指令完成电锅炉遥控操作。

有效降保障区域供需平衡

项目投入运行，按照台区电供暖负荷同时率 30% 计算，柔性控制可有效降低变压器

负载率 10% ~ 40%，在保障电力设备安全稳定运行的同时，不会影响居民采暖质量。以阿克其开村 6 号公变为例，在 2024 年春节前夕执行柔性调节策略，执行期间平均功率 138.86 千瓦，平均负载率 69.43%，22日 9 时 15 分达到最高功率 207.12 千瓦，环比 20 日最高功率降低约 10%，柔性负荷群控效果初显。

负荷管理系统控制策略界面

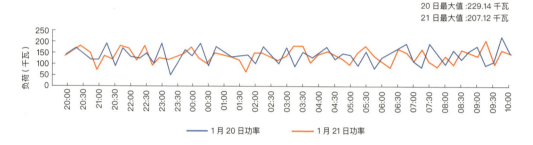

负荷柔性控制应用成效

典型经验

数据做到可视化、可控化

该项目提出了一种基于分散式电采暖负荷柔性控制的冬季台区重过载和区域电力供需平衡问题解决方案，依托新型电力负荷管理系统，做到电锅炉启停状态、挡位、功率及在线数量，台区变压器负载率等核心数据可视化；系统设置控制参数，远程启停锅炉，做到数据可控化。

提高供电可靠性，拓宽适用面

通过"调挡+轮停"两种策略，实现柔性控制科学合理；利用"网关+主控板升级""网关+温控器升级"两种改造方式，解决家用电采暖设备的通信需求。国网新疆电力试点供暖柔性负荷控制，实现了柔性负荷群控，既降低了公司配电网建设费用，又保障了居民民生供暖的迫切需求，提升了供电可靠性。实现"柔性控制+错峰用电"，为迎峰度冬（夏）期间负荷管理措施有效执行起到辅助作用，提升电力保供质量水平的同时，不断完善柔性负荷资源库，拓宽柔性调节技术的普适性、扩展性。

推广前景

　　结合公司着力补强农村网架结构、提升配电网供电可靠性的背景，在农村地区广泛推行分散式电采暖负荷柔性控制技术，能够有效提升区域电网削峰填谷能力，成为推动负荷侧在电力供需平衡中发挥调节作用，优化供电服务保障能力的重要手段。深化项目成果，探索新技术、新方案，向10千伏配网专变柔性负荷管理方向拓展应用，缓解因季节性农灌造成的线路重载、低电压等突出问题，逐步实现配网投资最小化、配变利用最大化、客户互动精细化。

第二类
项目类示范标杆

    项目类示范标杆涵盖电力供应保障能力提升、新能源高质量开发利用、新型电网技术创新、用户侧灵活调节能力提升和体制机制创新五大类，重点在沙戈荒大基地外送能力提升、构网型技术应用、分布式光伏"四可"能力建设、抽蓄（水电）优化改造、新型输电技术、微电网优化控制、电—氢耦合、虚拟电厂、空调负荷控制及市场机制等方面，开展创新示范和试点应用。

基于基准站聚合感知的 分布式光伏可观可测

- **实施单位：** 国网江苏省电力有限公司
- **建设内容：** 面对分布式光伏爆发式增长现状，国网江苏省电力有限公司依据地理位置、气象条件在全省划分光伏集群区域，每个集群内维护若干分布式光伏运行基准站，构建起分布式光伏观测感知体系架构，采用人工智能和大数据分析技术对区域内分布式光伏运行情况进行聚合感知，开展分布式光伏可观可测数据应用，解决分布式光伏实时观测和未来预测难题。
- **技术特色：** 面对海量低压分布式光伏缺乏实时观测数据问题，在不增加单点采集设备和投资的前提下，深度挖掘数据价值，利用光伏出力空间相关性，采用以"点"代"面"方式，通过数字赋能，实现低压分布式光伏分钟级实时观测与未来 10 天出力预测。
- **实施成效：** 通过人工智能方法实现低压分布式光伏可观可测，实时推算准确率达97%，相较于加装量测装置节省大量投资，同时，提升光伏预测准确率超 1 个百分点。

案例背景

在构建新型电力系统、推动能源绿色低碳发展背景下，分布式光伏迎来跨越式发展。江苏低压分布式光伏月均装机容量增长超100万千瓦，占比光伏总装机容量超60%，但现有配网采集监测网络体系还难以覆盖全量分布式光伏用户，海量的分布式光伏运行处于监测"盲点"、管理"盲区"，对电网安全运行影响越来越大。尤其是海量低压分布式光伏大量接入配电网，呈"点多面广"态势，发电出力具有强波动性、强间歇性，分布式光伏规模总量大和状态监测量不充分这对矛盾日益突出，全量分布式光伏直采监测模式实时性难以保证，现有推算算法未充分考虑低压分布式光伏出力差异化特性。因此，针对上述问题，国网江苏省电力有限公司（简称国网江苏电力）采用人工智能与大数据分析技术，实现了低压分布式光伏可观可测。

工作思路

国网江苏电力利用同一区域内光伏出力的空间相关性，在全省范围内根据地理、气象因素将全省划分为若干网格集群，每个集群内选取集中式光伏场站为基准站，构建起分布式光伏监测网格体系；采用以"点"代"面"的方式，对每个网格集群建立人工智能估算与预测模型，利用基准站出力推算分布式光伏集群出力，建设省级分布式光伏可观可测系统，实现省—市—县三级分布式光伏实时观测与未来预测；而后基于分布式光伏可观可测数据，开展真实负荷曲线还原、实时功率平衡与日前计划安排等多项工作，打造包含分布式光伏的精细化调度管理体系，提升调度精益化管理水平，保障含大量分布式光伏电网的安全稳定运行。

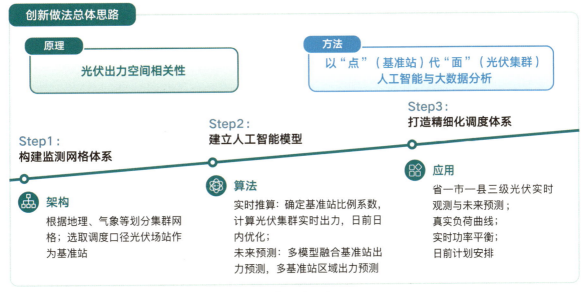

工作思路示意

做法实践

　　国网江苏电力基于现有配网设备及观测条件，深化数字化创新应用，在不增加单点采集设备和投资的前提下，深度挖掘数据价值，实现基于基准站聚合感知的分布式光伏可观可测。主要工作分为以下三个步骤：一是构建光伏集群监测网格体系，二是建立人工智能出力推算及预测模型，三是打造含低压分布式光伏的精细化调度体系。

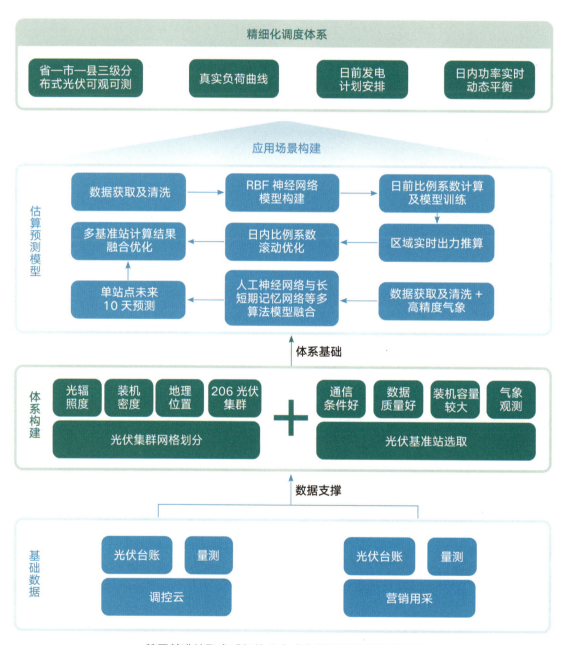

基于基准站聚合感知的分布式光伏可观可测整体架构

构建光伏集群监测网格体系

一是考虑多影响因素的光伏集群网格划分。考虑光辐照度、光伏装机密度、地理位置等因素，将地理相连、气象条件相似的网格合并为同一光伏集群，保证同一光伏集群内气象条件的高度一致性。同时结合全省95个区县，前期1209个配电网格划分结果，共将全省共划分为206个光伏集群。以南京市溧水区为例，共计14个配电网格，按照区域相邻关系及面积大小、气象条件，划分成了4个光伏集群，每个光伏集群的面积大约为250平方千米，可等同成15千米×15千米的区域，区域内气象条件相似。

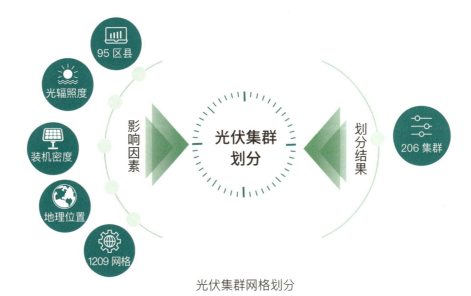

光伏集群网格划分

溧水区光伏集群划分示例

区域	配电网格	集群划分
溧水区	南京市溧水区和凤网格	光伏集群1
	南京市溧水区晶桥网格	
	南京市溧水区东庐网格	光伏集群2
	南京市溧水区白马网格	
	南京市溧水区石湫网格	光伏集群3
	南京市溧水区明觉网格	
	南京市溧水区洪蓝网格	
	南京市溧水区柘塘网格	
	南京市溧水区乌山网格	
	南京市溧水区东屏网格	
	南京市溧水区经济开发区网格	光伏集群4
	南京市溧水区永阳网格	
	南京市溧水区主城东部网格	
	南京市溧水区主城西部网格	

二是集群内代表性光伏基准站选取。在每个光伏集群内选通信条件好、数据质量好，信息稳定性好、装机容量较大，具备良好气象观测条件的集中式光伏电站作为基准站，构建成"以点代面"式的光伏集群推算预测体系，为了保证光伏集群区域估算和预测的准确性，增强模型的鲁棒性，每个集群区域选取 3～5 座基准站（允许某些基准站复用且对于某些市区无基准站的，可以选取邻近区域的基准站代替）。同时，每个光伏集群内其他分布式光伏汇聚聚合为同一整体。按上述方法，在全省共选取了 473 座基准站。

建立人工智能出力推算及预测模型

一是基于物理规则与大数据分析技术相结合的数据清洗重构。从调控云及营销用采系统分别获取大量基准站光伏出力历史数据和区域低压分布式光伏出力历史数据，采用物理规则与大数据分析技术相结合方式实现光伏出力数据清洗与重构。

二是人工智能实时出力推算模型构建。以径向基（RBF）神经网络为核心，建立输入为基准站出力、区域光辐照度和区域温度三维向量，输出为区域分布式光伏出力与基准站出力的比例系数一维向量的映射关系模型，采用周期性的策略优化调整以上参数，以保证模型的长期适应性，确保模型在分布式光伏装机容量动态变化、分布式光伏发电效率变化等情况下能够紧跟分布式光伏发电特性，保证算法的准确性和有效性，结合基准站实时出力，推算分布式光伏集群实时出力。

三是基于高精度气象预测的集群光伏出力预测。融合全省的气象监测体系和省级气象平台的气象预测结果，采用包含神经网络在内的多模型预测技术，建立适应多场景的高精度预测模型，开展分布式光伏未来出力预测。

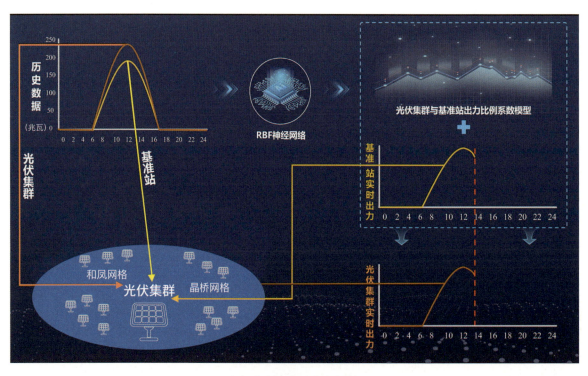

分布式光伏实时出力推算

打造含低压分布式光伏的精细化调度体系

开发低压分布式光伏可观可测系统。实现了省一市一县三级低压分布式光伏实时出力与未来出力的精准感知。进一步探索多应用场景，将相关数据传递至电力调度生产控制大区，服务省一市一县三级调度真实负荷还原、发电计划安排以及电网电力电量实时平衡。同时，结合电网一张图，将光伏逐层汇聚，实现分区一变电站一母线一线路多层级光伏聚合，为母线负荷预测，断面潮流控制应用提供基础数据，助力将分布式光伏纳入调度管理体系。

实际成效

建设省一市两级光伏可观可测系统

一是建设了分布式光伏可观可测系统，实现了低压分布式光伏分钟级实时出力监测和未来 10 天出力预测，实时推算准确率超过 97%，未来预测准确率超过 94%。相关数据常态化服务调度生产。

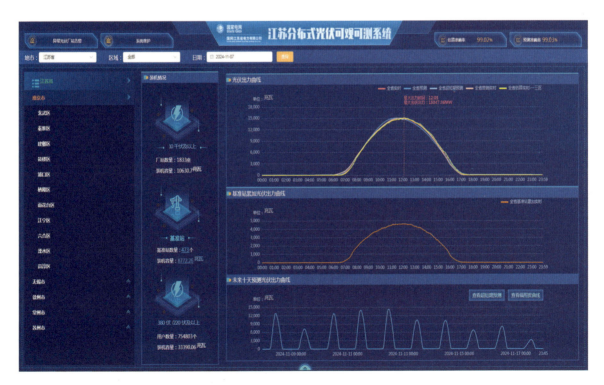

分布式光伏可观可测系统

项目成果助力多项指标提升

二是项目成果助力多项指标提升。项目投入运行后，江苏电网光伏预测准确率提升超 1 个百分点，从 92.8% 提升至 94% 以上；通过更加准确的实测与预测，帮助调度合理安排电网运行方式，每年可提升约 1% 的新能源消纳率，自 2022 年投运以来，共新增新能源消纳电量 8.7 亿千瓦时。

成果获多方媒体报道

三是项目成果入选《国家电网智库》专刊；获国家电网公司 2022 年一季度大数据应用优秀成果；2022 年度国家电网调度运行典型经验；相关建设经验被《国家电网报》《江苏电力报》、中国能源新闻网等多家媒体报道。

项目成果获多家媒体报道

🏛 典型经验

灵活应用人工智能等先进技术

项目创新采用以"点"代"面"的估算感知方法，将人工智能与大数据分析技术引入分布式光伏实时观测和未来预测领域，在不增加单点采集设备和投资的前提下，深度挖掘数据价值，实现低成本分布式光伏实时观测与未来预测。

充分利用光伏出力空间一致性

项目利用同一区域内光伏出力的空间相关性，创新提出通过划分光伏集群区域，在每个集群内维护若干分区分布式光伏运行基准站，以"点"代"面"构建起分布式光伏观测感知体系架构，采用人工智能和大数据分析技术对区域内分布式光伏运行情况进行聚合感知。同时结合高精度气象预测结果，实现全省分布式光伏出力实时估算与未来预测，实时估算准确度 97% 以上，未来预测准确度 94% 以上。

准确分布式光伏可观可测系统助力电网高效调度

项目建成分布式光伏可观可测系统有力支撑了江苏电网构建含分布式光伏的电网调度控制体系，助力电网实时功率平衡与新能源高效消纳，对新型电力系统建设起到了关键支撑作用。

推广前景

随着新型电力系统建设的深入，分布式光伏发展迅猛，尤其是低压分布式光伏，当前全国各地均不同程度地出现了低压分布式光伏快速增长带来的观测、消纳、承载等问题。项目提出了一种无需额外加装任何量测设备，采用基于基准站估算感知的方式，仅利用现有数据即可在主站端实现低压分布式光伏高精度观测的方法，所需数据从调控云及用采系统即可获取，具有成本低、建设周期短、精度高和实时性好等优势，可复制和可推广性强，是当前低压分布式光伏数据实时采集体系尚未构建完善阶段，实现低压分布式光伏全量高精度实时观测与未来预测的有效手段，可在分布式光伏高渗透率的网省公司、分布式光伏聚合商中推广应用，具有很强的推广应用价值。

锡盟沙戈荒大基地新能源场站送出能力提升关键技术示范

- **实施单位：** 国家电网有限公司华北分部
- **建设内容：** 针对弱送端场站主动支撑能力不足、宽频振荡等问题，依托锡盟新能源基地建设，从"设备级、场站级、系统级"三个层面扎实开展机理分析与研发创新，将企业投资收益引入技术经济评估中，助力新能源企业主动开展示范技术的决策立项，首次实践基于"大规模分布式调相机 + 新型避雷器 + 储能"的送出能力提升关键技术，为规范沙戈荒大基地建设起到先行示范作用。
- **技术特色：** 综合新能源多场站短路比、投资收益等技术经济指标，提出大规模分布式调相机配置和经济评估方法；构建沙戈荒新能源送出系统全电磁暂态仿真模型，精准定位影响暂态过电压和宽频振荡的关键因素；研制宽频振荡抑制器和新型避雷器，提高新能源大基地送出系统的安全稳定水平。
- **实施成效：** 锡盟特高压配套新能源送出能力提升 450 万千瓦，新能源利用水平大幅提升。多台新型避雷器挂网运行，汇集站过电压抗扰能力显著提升。大规模分布式调相机配置与经济评估方法已应用于内蒙古、河北等地的新能源基地规划设计，经济社会效益显著。

案例背景

国家沙戈荒新能源基地规划布局方案中指出，2030年沙戈荒大基地新能源总装机容量将达4.55亿千瓦，华北电网承担了一半以上的沙戈荒基地建设任务。受资源禀赋影响，华北区域内锡盟等沙戈荒新能源基地位于电网末端，场站主动支撑能力不足、宽频振荡等问题突出，送出能力远不及预期，投产初期新能源利用率仅为80%左右，新能源消纳形势严峻。加装调相机可以提升系统强度，有效抑制暂态过电压问题，改善电网阻抗频率特性。以往新能源企业在进行加装分布式调相机决策时，主要依据政策要求或站在本场站角度进行容量等参数选择，经济收益率低、投资意愿不强。

身处沙戈荒基地规划建设的主战场，国家电网有限公司华北分部（简称国网华北分部）始终坚持创新驱动、规划引领、向"新"而行。组建跨专业柔性团队，深入研究论证了"为什么装、谁来装怎么装、经济效益前景、利益公平原则"四项核心问题，全环节服务锡盟新能源企业主动开展示范建设，设备投产后送出能力提升效果明显，利用率基本保持在95%以上。

工作思路

本项目以解决实际问题为目标导向，统筹技术创新和投资收益，从"电磁暂态建模与仿真""关键设备容量配置评估""新能源场站协调控制"和"形成新型新能源场站规划设计规范"四个维度开展研究，创新构建了基于"大规模分布式调相机+新型避雷器+储能"的沙戈荒新能源场站送出能力提升组合技术。为提高新能源企业对该技术提升送出能力的理解，国网华北分部发挥规划运行一体化技术优势，成立跨专业柔性团队，"面对面"问需企业、"点对点"精准服务、"实打实"兑现承诺，解决企业在技术示范应用过程中存在的担心顾虑，推动新能源业主主动决策、加快落地实施。

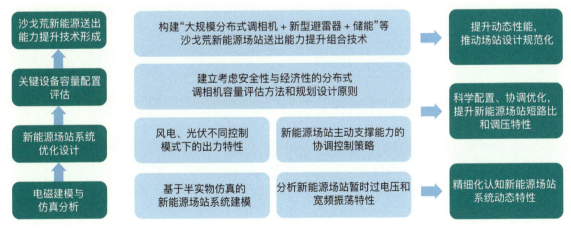

工作思路示意

📑 做法实践

优化分布式调相机配置，提升场站无功电压支撑能力

综合考虑新能源多场站短路比指标约束与调相机的投资、运行维护成本，提出了一种兼顾新能源消纳指标和投资经济性指标的分布式调相机优化配置方法。该方法成功应用于锡盟一期、二期新能源场站加装分布式调相机的可行性研究中，为提高场站送出能力提供了有力技术支撑。

研制新型避雷器，提升汇集站过电压抗扰能力

研发高暂态过电压（TOV）耐受的500千伏交流系统用复合外套无间隙金属氧化物避雷器，将百毫秒内的系统暂时过电压运行上限由 1.6p.u. 提升至 1.8p.u.，推动了 15 台新型避雷器在锡盟 500 千伏新能源汇集站挂网运行，大幅缓解网侧过电压对新能源送出的制约。

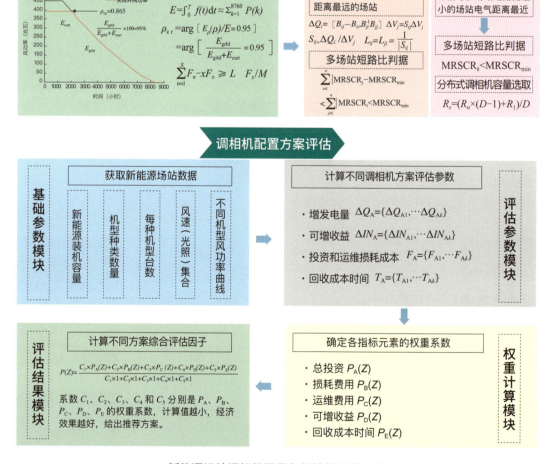

新能源场站调相机配置与经济性评估方法

TOV 倍数—耐受时间曲线

(a) 新型避雷器伏秒特性优化曲线

(b) 新型避雷器在 500 千伏汇集站挂网运行

新型避雷器技术研发与挂网运行

优化风光储协调控制策略，提升场站主动支撑响应能力

融合新能源出力特性、储能荷电状态和系统运行工况三类因素，优化风光储协调控制策略，应用集中式控制架构进行策略实现，提高"新能源 + 电化学储能"场站系统惯量支撑和一次调频的响应一致性和响应速率，经全电磁暂态仿真验证效果良好。

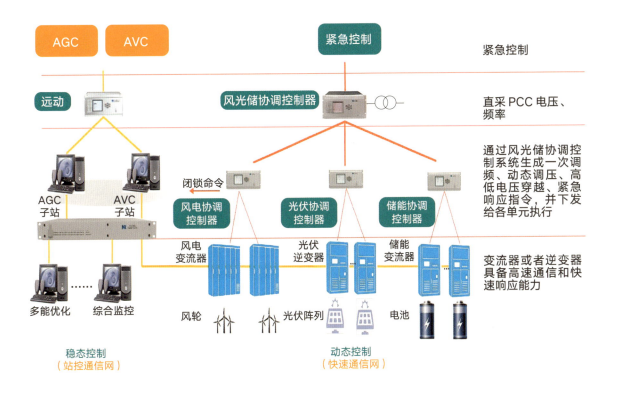

新能源场站集中式控制架构

研制宽频振荡抑制器，提升新能源并网稳定性

新能源配建电化学储能已规模化并网，具备灵活、快速的功率调节性能。提出了一种基于电化学储能的自适应阻尼控制方法，利用模态滤波和相量校正算法，高精度快速测辨宽频振荡模态，在线自适应调整控制相移和增益，实现宽频阻尼自适应优化，并成功完成实际装置研发。

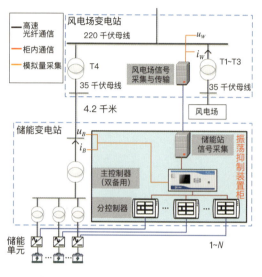

(a) 宽频抑制器工程应用方案设计

(b) 多频振荡抑制控制器

基于电化学储能的宽频振荡抑制器

实际成效

项目采用技术服务前置、新型设备研发等手段，服务新能源企业系统掌握弱送端系统的稳定特性，理解和认可"大规模分布式调相机＋新型避雷器＋储能"组合技术的可行性，主动开展关键技术和新型设备的落地应用。依托项目成果，电网和电源企业联合打造锡盟新能源场站"多位一体"示范工程，勇当沙戈荒大基地新能源建设的践行者、推动者、引领者，解决弱送端系统暂态过电压、宽频振荡等突出问题，对推动沙戈荒新能源大基地高质量开展规划设计具有重要借鉴意义。

推动成果落地和设备升级，经济社会效益显著

推动锡盟、张北地区多个新能源厂站落实调相机配置方案，经第三方机构评审，并陆续实施，成效显著。新能源场站分布式调相机配置和经济性评估方法，在内蒙古、山东等地的多项新能源场站设计中应用，提升新能源发电量1.8亿千瓦时，节约标准煤5万吨；研制出的新型避雷器具备百毫秒内1.8倍过电压耐受能力，解决了传统避雷器过电压耐受的"短板"问题，挂网运行情况表明系统侧过电压抗扰能力显著提升；产业单位

依托项目成果研制了基于集中式控制架构的协调控制装置，提高了"新能源 + 电化学储能"实现主动支撑能力的响应一致性和快速性。

技术成果鉴定为国际领先，示范效果受到媒体广泛关注

项目成果通过中国电工技术学会组织的技术鉴定，整体处于国际领先水平。国内多家主流媒体报道了依据项目成果部署的新能源场站分布式调相机调试和投产情况，充分肯定了项目成果应用，对提升新能源场站主动支撑能力、促进新能源场站利用率提升的突破性效果。

国内主流媒体报道锡盟新能源场站送出能力提升措施落地应用情况

典型经验

政企多方联动机制"开放化"

发挥电网企业枢纽作用，为能源主管部门，以及新能源发电、装备制造、设计和评审等相关单位搭建开放性沟通协调机制，通过群策群力高效解决各方在理论研究、政策解读、市场运营等方面的问题，大幅缩短送出能力提升措施的落地时间周期。

创新技术攻关团队"专业化"

联合电网规划、调度运行、电力交易多部门组建专业柔性团队，综合考虑技术指标和经济投资，创新提出弱送端新能源场站分布式调相机、电化学储能的优化配置方法，服务新能源企业顺利进行内部决策立项，指导关键设备安全有序并网，全过程服务新能源企业开展示范建设。

系统仿真建模手段"精准化"

在锡盟沙戈荒大基地规划研究阶段，应用电力系统全数字实时仿真装置（ADPSS）仿真平台开展典型系统电磁暂态仿真建模与分析，充分适应"双高"系统安全稳定形态新变化，提高沙戈荒新能源基地送出系统在暂态过电压、宽频振荡等方面的仿真精度，通过精准化定位送出能力限制因素，在前期阶段有的放矢地提出规划措施。

场站规划设计流程"规范化"

针对沙戈荒大基地新能源业主多、可研深度参差不齐的问题，提出并实施《新能源场站分布式调相机配置方案专题研究深度要求》《华北电网新能源场站电磁暂态模型管理规定》等相关文件，推动新能源场站规划设计标准化、规范化发展。

推广前景

　　项目成果中的理论方法和装置研发均已通过权威评审机构认可，可应用于新能源场站的接入系统规划设计、装备制造和生产运行各个环节。山东、河北等多省区已成功应用分布式调相机配置和经济评估方法，完成了大规模分布式调相机配置方案研究和工程建设。项目成果未来还将应用于沙戈荒及其他地区新能源大基地的规划设计，为推动新型电力系统建设和实现"双碳"目标提供更多实践经验和技术支撑。

3 高比例新能源送端电网多源协同控制关键技术研究与应用

· **实施单位：** 国家电网有限公司西北分部

· **建设内容：** 西北电网率先开展新能源快速频率响应实践，推动新能源一次调频能力"从无到有"，并在调频资源梯次利用、级联断面优化控制等工程实施中纳入新能源科学，实现了"源—源"和"源—网"协同，促进了新能源一次调频能力使用的"从有到优"。

· **技术特色：** 项目提出了新能源场站主动频率控制技术、风光水火时空协同调频控制技术、级联断面联合优化控制技术、多直流联络线计划优化控制技术；研发了新能源场站主动频率控制、多级协同控制、电网断面优化控制、新能源消纳深度测算、直流联络线计划优化决策等五类装置／系统，形成了送端电网协同调控技术支撑体系，保障了西北地区新能源产业快速高质量发展。

· **实施成效：** 应用新能源快速频率响应控制技术，增加了大功率扰动下电网频率恢复能力，应用级联断面优化方法、多电源出力自愈协同控制策略，将陕北外送等新能源送出关键通道利用率平均提升八个百分点，应用新能源消纳分析方法，在对全网消纳形势测算分析的同时，通过降低开机方式和优化直流曲线等措施，大幅提升新能源发电空间。

案例背景

西北电网直流外送规模超过 7000 万千瓦，居六大区域电网首位，整体呈现"大火电""大清洁能源"通过"大直流"送出格局。截至 2024 年 10 月底，新能源装机占比超过 50%，受新能源不确定性、弱支撑性及系统、负荷特性的制约，西北送端电网运行控制面临四大问题：①新能源高比例接入，挤占了常规电源的开机空间，电网频率调节资源严重不足，亟需挖掘新能源主动频率支撑能力；②风光水火等各类电源调节特性存在差异，亟需协同各类电源的快速调频能力，构建科学的频率安全防控体系；③电源和负荷具有双重波动性，电网潮流精细化控制受限，亟需在新能源高效消纳与电网断面控制安全裕度预留之间找到平衡点；④直流外送是消纳新能源的重要途径，亟需兼顾受端电网需求，科学提高外送电量中的新能源占比。

工作思路

围绕西北电网在新能源与常规电源协同优化控制方面面临的诸多问题，构建了送端电网协同调控技术支撑体系，一是提出新能源场站两级式主动频率协同控制技术，研发基于硬件在环的准实时试验测试系统，实现新能源场站复杂运行场景及电网多变工况下的主动频率控制。二是提出多类型电源梯次协同的一次调频控制策略及新能源场站频率响应多场景通用化实证方法，实现新能源与常规电源的协同优化控制。三是建立"网省场"三级协同的电网级联断面多目标联合优化模型，实现"源网"高效协同控制及复杂电网级联断面功率的精准控制。四是提出新能源消纳精细量化评估技术，提出多市场交易模式下的跨区直流输电功率优化方法，拓展新能源跨区消纳空间。提升了新能源消纳能力，促进西北地区新能源产业快速高质量发展。

做法实践

研发新能源参与系统快速频率响应控制技术及装备

一是提出新能源场站主动频率控制策略。基于多级协同理论，融合电网和预测多源信息，形成"场站—发电单元"两级式主动频率协同控制策略，实现了新能源场站多发电单元之间的快速联动，响应时间由分钟级降至秒级，控制偏差风电小于 ±2%、光伏小于 ±1%。

二是提出新能源场站主动频率控制工程实用化方案。计及装置成本、场站通信和改造成本等，针对存量场站改造和新建场站形成多套可选方案，使场站改造成本下降40%，并在西北全网新能源场站快速频率响应试点推广工作中实施应用。

三是研发基于硬件在环的准实时试验测试系统。基于毫秒级时钟同步控制、多线程异步处理和标准化网络通信协议，实现了新能源场站复杂运行场景及电网多变工况下的模拟，为控制性能的多场景实证提供了高效便捷的环境，极大减少了装置现场调试与投运的工作量。

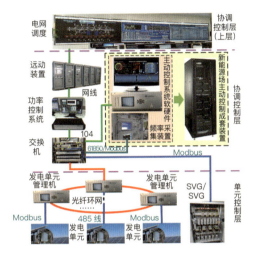

新能源场站主动支撑成套装置及测试系统

构建送端电网频率风险防控体系

一是提出风光水火时空梯次协同的多电源调频控制策略。考虑各类电源调频动态特性差异，形成高比例新能源送端电网频率控制"源—源"协同参数设置方案，实现了大扰动下新能源快速支撑电网频率的恢复，避免了小扰动下风机频繁动作造成的桨叶磨损，同时与常规电源在时间、频率维度相互配合、接力动作，统筹了各类型电源快速调频能力，使西北电网调频资源覆盖至100%类型电源，支撑一次调频容量提升15%，有效解决了西北电网调频资源的结构性困境。

二是提出基于试验组态的新能源场站频率响应多场景通用化实证方法。基于海量试验数据分析和统计学理论，形成了采用频率阶跃扰动性能校验、模拟实际频率扰动校验、

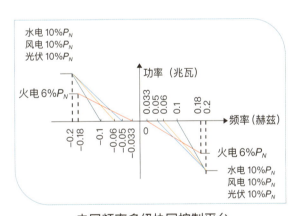

电网频率多级协同控制平台

防扰动性能校验和功率控制系统协调校验的试验组态策略，实际监测相互校核结果表明，该策略针对新能源场站的多场景和复杂运行工况具有通用性和广泛适应性。

三是研发电网频率多级协同控制平台。在西北电网和陕甘青宁新5家省级电网应用

提出的"源—源"协同控制策略和频率响应实证方法已在西北电网开展实际应用。

构建电网级联断面多目标联合优化模型

一是提出基于风险控制的新能源超短期功率预测修正方法。通过海量预测数据统计分析，揭示新能源超短期功率预测偏差与电网运行风险的关系，实现了基于电网运行风险控制的新能源超短期功率预测修正，其结果纳入电网断面控制，将新能源预测偏差造成的新增断面越限概率控制在预测无偏差时的 10% 以下。

二是提出电网级联断面多目标联合优化方法。针对级联复杂级联断面特点，将新能源超短期预测结果纳入断面控制多目标优化，形成统筹切机量约束与断面运行限额的电网复杂级联断面多目标"源—网"联合优化方法，实现了多类型电源出力和稳定断面限额的联合优化。

三是提出基于断面功率实时跟踪的多电源出力自愈协同控制策略。根据高比例新能源送端电网级联断面控制辅助决策库数据统计分析，将断面送出电力按照正常消纳、预防控制和越限控制 3 个分控层级，实现了断面功率的精准控制，在西北电网和陕甘青宁新 5 家省级电网开展应用，使网内级联断面的利用率平均提升了 8%。研发了电网复杂断面优化控制、新能源消纳深度测算及直流联络线计划优化决策平台。平台根据概率理论建立了新能源理论出力与系统消纳空间的概率分布模型，实现了基于概率模型的新能源消纳深化测算，并基于不同送受端负荷特性和新能源资源特点，考虑系统约束、机组约束、网内负荷约束及跨区多直流运行耦合约束，建立了基于联络线等值的多直流耦合联络线联合优化模型，拓展了超 10% 直流容量的新能源消纳空间。

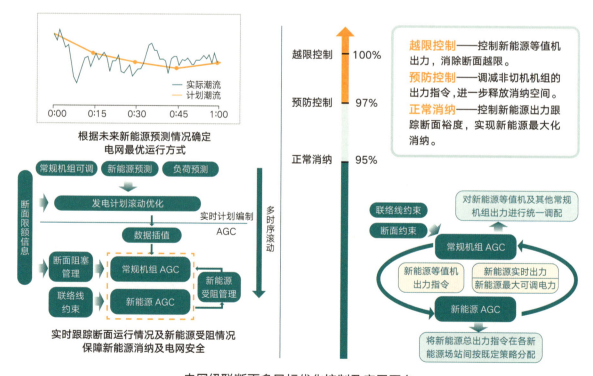

电网级联断面多目标优化控制及应用平台

实际成效

构建西北电网频率安全防控体系

应用项目提出的新能源快速频率响应控制技术，构建了西北电网频率安全防控体系，目前西北电网新能源场站参与电网调频容量突破 4000 万千瓦，增加了直流闭锁等大功率扰动情况下电网频率恢复能力。

应用项目提出的网省场三级协同的级联断面多目标联合优化方法、基于断面功率实时跟踪的多电源出力自愈协同控制策略实际于西北调度运行业务中，将陕北外送等新能源送出关键通道利用率平均提升 8 个百分点。

应用项目提出的基于概率理论的新能源消纳非时序分析方法，在对全网消纳形势测算分析的同时，通过降低开机方式和优化直流曲线等措施，逐步提升了通过跨区直流现货交易送出的新能源比例。

项目成果助力多项指标提升

依托项目研究成果，实施了网架优化工程、安全防御工程、消纳提升工程，构建了西北电网一体化协同调控体系。项目成果已在西北电网和陕甘青宁新 5 家省级电网成功应用。

有效促进新能源高质量消纳

项目成果统筹了各类型电源快速调频能力，使西北电网调频资源覆盖至 100% 类型电源，支撑一次调频容量提升 15%，解决了西北电网调频资源的结构性困境，从而有效解决了新能源消纳受限于频率防控风险的技术瓶颈。

典型经验

电网频率协同防控体系化

项目通过在西北电网、陕甘青宁新 5 家省级电网及网内众多新能源场站开展多源协同控制关键技术示范应用，有效提升了网内新能源机组的涉网性能，增加了直流闭锁及大机组跳闸等大功率扰动情况下电网频率恢复能力。项目提出的网省场三级协同的电网级联断面多目标联合优化方法、基于断面功率实时跟踪的多电源出力自愈协同控制策略实际应用于西北电网的调度运行业务中，有效减少了新能源断面受限。项目研发的新能源场站主动频率控制、多级协同控制、电网断面优化控制等装置／系统，集理论、方法、装置和系统于一体，有效促进了高比例新能源送端电网的消纳能力提升，保障了西北地区新能源产业快速高质量发展。

网源协调管理规范化

依托项目研究成果，牵头或参与编写的《电力系统网源协调技术规范》（DL/T1870—2018）、《西北电网新能源场站快速频率响应功能推广应用》（西北能监市场〔2018〕

41 号)、《西北区域发电厂并网运行管理实施细则》(西北监能市场〔2018〕66 号)、《西北区域并网发电厂辅助服务管理实施细则》(西北监能市场〔2018〕66 号)、《西北电网自动发电控制（AGC）运行管理规定》(西北电网〔2016〕37 号)等标准及规定 4 部。项目网源协调成果被国标《电力系统安全稳定导则》(GB 38755—2019)和行标《电力系统网源协调技术规范》(DL/T 1870—2018)采纳，为项目规模化推广应用奠定了坚实基础。

推广前景

　　随着西北多条直流陆续投运和新能源装机容量的持续增长，在高比例新能源送端电网多源协同控制研究与应用方面西北率先做出示范，提出的新能源场站主动频率控制技术、风光水火时空协同调频控制技术，有效解决了西北电网调频资源的结构性困境，项目成果规模化应用的成效未来在西北区域内、区域外还会进一步凸显。通过应用电网复杂级联断面联合优化控制、多直流联络线计划优化控制、新能源消纳精细量化评估等高比例送端电网多级协同控制关键技术，新能源发电能力得到有效提升，弃电情况得到明显缓解，项目研究成果为高比例新能源电网的安全稳定运行和新能源产业的健康发展构建了重要支撑力量，对高比例新能源送端电网建设具有示范及指导意义。

小金川流域梯级水光蓄互补联合发电系统示范

· **实施单位：** 国网四川省电力公司

· **建设内容：** 在四川省阿坝州小金县小金川流域建成投运世界首例梯级水光蓄互补联合发电系统，包括 195 兆瓦梯级水电、50 兆瓦光伏、5 兆瓦变速抽蓄。

· **技术特色：** 针对梯级水光蓄联合运行技术难题，从互补系统容量配置与接入、联合运行控制与智能调度、变速抽蓄机组研制等方面开展技术攻关，形成了创新理论方法、突破了关键技术、研制了成套装备、实现了工程示范应用。

· **实施成效：** 实现梯级水光蓄互补系统自决策、自纠偏的联合智能运行，对于提高电源侧的水光联合可调度性与送出能力、电网侧分布式波动电源接纳能力与安全稳定运行能力，减少可再生能源弃电，具有重要意义。为发展多能互补提供了可复制、可推广的典型建设模式和示范样板。

案例背景

新能源发电出力具有随机性、波动性和间歇性等特征,单独运行无法满足负荷用电需求,需要与多类型灵活性调节电源联合运行。一方面与常规定速抽蓄相比,变速抽蓄响应速度快、运行效率高、调节范围广、抽水功率可调,更适合与新能源互补运行,但变速抽蓄技术长期被国外垄断。另一方面,含库容水电通过储水蓄能,能够与新能源在电力电量层面进行互补。

四川水能资源丰富,水电装机多,且具备开发抽蓄的天然地理优势。因此,项目围绕梯级水电、变速抽蓄和光伏联合发电开展工作,通过多类型电源的优势互补,能够实现可再生能源系统的安全可靠供电,且发电过程零碳排放,是解决大规模新能源消纳的重要途径,但世界上无应用案例,亟需开展相关技术攻关。

工作思路

国网四川省电力公司(简称国网四川电力)围绕需求难点分析、关键技术创新、系统装备研发、示范工程应用四个方面开展工作。针对新能源发电特性,分析适应宽水头变化、宽范围调节且兼顾安全高效和快速响应的抽蓄机组设计难度,研究梯级水光蓄多时间尺度集群调控技术特征。根据新能源对灵活性电源的调节需求,重点攻克全功率变速抽蓄机组优化

设计方法、梯级水光蓄层次化控制方法和容量配置接入技术。基于项目技术创新,研发变速抽蓄的主机装备、互补调控系统、规划软件等系统装备。最后建设梯级水光蓄互补联合发电系统示范工程,将研发的系统装备在实际工程中进行应用,并根据实际运行情况对技术方法和系统装备进行更新提升。

工作思路示意

做法实践

依托国家重点研发计划"分布式光伏与梯级小水电互补联合发电技术研究及应用示范"项目,国网四川电力利用梯级水电、变速抽蓄

与光伏互补联合运行,建设梯级水光蓄互补联合发电系统,促进新能源消纳,具体做法分为四步。

梯级水光蓄互补联合发电系统配置

一是对光伏出力、水文径流等具有波动特性的场景进行刻画，通过人工智能技术将大量的波动场景数据生成少量的典型代表场景，在保证计算精度的同时大幅提升计算速度。

二是根据梯级水电、变速抽蓄和光伏等电源的运行特性，以投资收益最大为上层目标，以出力波动最小为下层目标，构建规划与运行一体化双层决策模型。

三是构建频率、电压等电网支撑能力评价指标体系，通过优化光伏和变速抽蓄接入位置，实现梯级水光蓄互补联合发电系统安全稳定运行水平的提升。

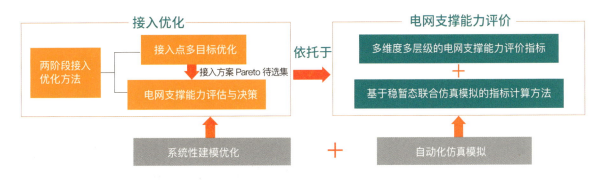

梯级水光蓄互补联合发电系统配置

梯级水光蓄互补联合发电系统调控

一是采用中长期电量互补、短期电力互补、实时控制互补三种互补模式。利用常规梯级水电抑制光伏分钟级及以上功率波动，利用全功率变速抽蓄抑制光伏秒级功率波动，为水光蓄互补应用提供解决思路。

二是为满足多目标调度需求，建立了源荷匹配、总出力波动最小、总发电量最大等调度模型。

三是通过水光蓄互补联合发电系统的暂态稳定、小扰动稳定等分析，给出互补系统安全运行边界。

四是结合安全边界和不同场景下的调度需求，调度模型自适应匹配，实现梯级水光蓄互补联合发电互补系统调度计划的自决策、自纠偏。

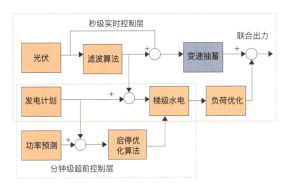

梯级水光蓄自适应调度控制流程

全功率变速抽蓄成套装备研制

一是对水泵水轮机、发电电动机、变流器等设备进行优化设计，使其满足高效稳定、快速响应等目标需求。

二是对机组控制策略进行优化，按照机组运行安全优先，兼顾快速功率调节的原则，采用快速变转速和变功率控制相结合的多目标运行策略。

三是研发机组成套装备，为系统提供灵活调节资源。

梯级水光蓄互补联合发电系统建设

一是在四川省阿坝州小金县建设全功率变速抽蓄电站，利用已有的春厂坝水电站水库作为上库，三关桥水库作为下库，在春厂坝水电站内新建竖井式厂房，并安装项目研发的变速抽蓄机组。

二是在阿坝州小金川流域建设梯级水光蓄互补联合发电系统。包含木坡、赞拉、猛固桥三座梯级水电站（195 兆瓦），美兴光伏电站（50 兆瓦），春厂坝全功率变速抽蓄电站（5 兆瓦），利用梯级小水电、光伏、变速抽蓄形成互补联合发电系统。

(a) 主机设备

(b) 控制保护设备

全功率变速抽蓄关键设备

(a) 全功率变速抽蓄电站

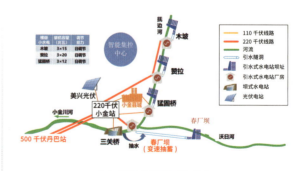

(b) 梯级水光蓄互补系统

梯级水光蓄互补联合发电系统

🖳 实际成效

有效提升系统灵活调节能力

　　项目研发的全功率变速抽蓄成套装备，发电工况无振动区，可在 0~100% 额定功率稳定运行，具备百毫秒级 ±12% 额定功率快速响应能力；抽水工况下实现快速平稳柔性带水启停，水泵功率连续可调范围 50%~100% 额定功率，有效提升系统灵活调节能力。

极大提升清洁能源运行指标水平

　　梯级水电、变速抽蓄和光伏通过互补能够实现电力可靠供应。梯级水光蓄互补联合发电技术应用以来，该互补系统平均功率波动降低 56.41%，最大功率波动降低 84.81%，梯级流域水能利用率提升 2%，极大提升可控、可调和光伏友好并网水平。通过水电、抽蓄和新能源增发电量，年均节约标准煤约 18.8 万吨，减少二氧化碳排放约 116.3 万吨。

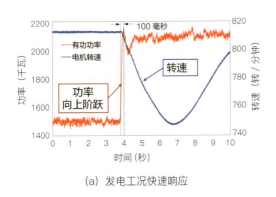

(a) 发电工况快速响应

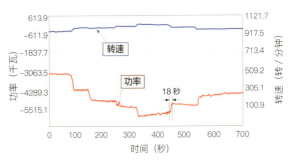

(b) 抽水工况宽范围调节

全功率变速抽蓄快速响应运行曲线

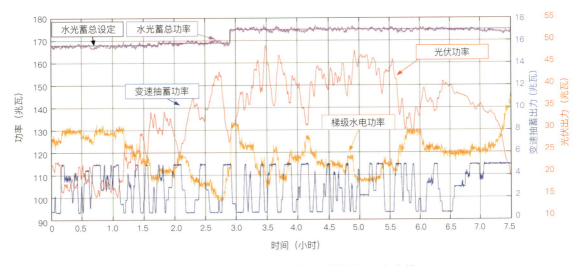

梯级水光蓄互补联合发电系统运行功率曲线

　　注　梯级水电功率纵坐标同水光蓄总功率纵坐标。

🔍 典型经验

研发灵活性电源技术装备

项目根据新能源出力特征，研发了具备宽范围高效稳定运行和快速功率响应等多目标协同的抽蓄机组，提出了变功率与变转速相结合的协调控制策略，研制了国内首套全功率变速抽蓄成套装备。

探索互补联合发电模式

项目率先探索了梯级水光蓄互补联合发电模式，提出了适应多目标场景的梯级水光蓄互补电站联合调度技术，利用变速抽蓄快速灵活调节能力平抑光伏快速功率波动，利用梯级水电解决光伏慢速功率波动，实现多类型电源优势互补，为可再生能源开发探索出切实可行的技术路径。通过工程应用示范，为变速抽蓄和多能互补发展提供了典型示范样板。

推广前景

一是突破了全功率变速抽蓄技术壁垒，关键核心装备实现了全国产化。与常规抽蓄相比，研发的全功率变速抽蓄具有响应速度快、运行效率高、调节范围广、抽水功率可调等优势，更适合与新能源互补运行，可在新能源大规模开发区域进行推广应用。

二是率先探索了梯级水光蓄互补联合发电模式，通过多类型电源的优势互补，能够实现可再生能源系统的安全可靠供电，为可再生能源开发探索出切实可行的技术路径，在四川、云南、青海等省份的水域可再生能源一体化开发基地具有巨大的推广应用潜力。

三是目前项目成果已推广至印度尼西亚等国家，服务"一带一路"建设，培育具有国际竞争力的抽蓄骨干企业，可将相关技术在国际上进一步推广应用。

湖北随州广水百分百新能源新型电力系统示范

· **实施单位：** 国网湖北省电力有限公司

· **建设内容：** 为探索"双高"（高比例可再生能源、高比例电力电子设备）电力系统真实运行特性，选取随州广水市，建设世界首个百兆瓦级百分百新能源新型电力系统示范区，其总计新能源装机容量244兆瓦，最大负荷61兆瓦，供电面积418平方千米，供电人口超20万。

· **技术特色：** 围绕新型电力系统建设，在电源、电网、负荷、储能、控制、保护、通信等方面形成成套解决方案并研制系列核心装备，打造"新能源供应为主体，源网荷储实时协同平衡"的电网形态，在多种运行方式下实现新能源高效利用与消纳。

· **实施成效：** 全年百分百新能源供电时间占比超70%，新能源供电量占比超80%。项目相关成果经刘尚合院士、邱爱慈院士等专家鉴定达到国际领先水平，入选国家能源局能源绿色低碳转型典型案例，获得中央电视台、人民日报、科技日报等主流媒体广泛报道。

案例背景

湖北能源禀赋特点为"缺煤、少油、乏气"，水电开发殆尽，火电发展受限。面对能源需求的持续增长，加快推进新能源发展已成为湖北能源转型的关键。自"双碳"目标提出以来，湖北新能源总装机容量迅猛增长，但配套的网架建设与调节控制手段无法满足新能源大规模并网要求，新能源消纳压力不断增大。同时，随着新能源占比的不断提高，电网抵御故障能力减弱，各类不确定因素叠加给电网安全稳定运行带来了严峻挑战。为探索新能源高效利用的新理论、新技术与新方法，国网湖北省电力有限公司经过多轮调研论证，选取随州广水建设新型电力系统示范区。广水地处湖北省北部，地形以平原和丘陵为主，在省内具有相对丰富的风光资源，具备开展各类实证研究的良好外部环境。

工作思路

围绕理论技术攻关、仿真模拟推演、示范工程建设、真型试验实证四个方面推进各项工作。在理论层面，重点针对构网型新能源电站运行与控制、电网互联形态构建与柔性组网、柔性负荷需求响应与灵活调动、多元新型储能高效利用与控制、源网荷储协同运行与调控五个方向进行理论研究与技术攻关。同时，依托软硬件平台开展数字及半实物仿真工作，模拟推演百分百新能源电力系统运行特性与规律，为后续工作开展打下坚实基础。在实践层面，围绕电源、电网、负荷、储能、控制、保护、通信等方面开展核心装备研制与新型电力系统示范区建设工作，依托人工接地短路、百分百新能源独立运行等真型场景试验，迭代优化理论成果，形成可复制、可推广的典型方案。

做法实践

强化支撑能力，电源侧改造升级

对新型电力系统示范区内的 62 兆瓦风电及 32 兆瓦光伏机组的控制器进行构网型升级改造，使得新能源能够具备与火电、水电等传统电源相似的控制特性。首次在真实电网中以新能源作为主电源进行独立组网，实现新能源对电网电压与频率的主动支撑。

构网型光伏逆变器改造电路板

挖掘互联模式，电网侧装备革新

研制世界首个 110 千伏 /60 兆瓦能量路由器，该装备具有连接不同电压等级的 3 个交流端口与 4 个直流端口，可实现各端口之间电力潮流大小与方向的快速精准控制。通过能量路由器将新型电力系统示范区与上级大电网相连，构成一个能量多向流动、频率各自独立的互联系统，为新型电力系统柔性组网方式提供实证经验。

能量路由器站全景图

提升灵活水平，负荷侧智能群控

建设 5 座光储充一体化电站，研究车网友好互动技术和功率群控技术，实现电动汽车的灵活充放。5 座分布式电站在 50 毫秒内的瞬时最大冲击电流可达 500 安培，冲击功率达 8.3 兆瓦，由此可模拟大量电动汽车接入后对配电网的冲击，并研究相应的应对手段。

广水实验二小光储充一体化电站

优化布点路线，储能侧多元并进

建设总容量为 20.75 兆瓦 /33 兆瓦时的储能系统，立足发展实际，在新型电力系统示范区电源侧、电网侧、负荷侧分散布置磷酸铁锂电池储能与全钒液流电池储能。通过储能方案比选研究与示范应用，探索多类型储能在未来电网中的优化配置方法及运行控制技术。

储能电池舱

巩固调度中枢，控制侧精准协控

研发基于数字孪生的百兆瓦级高比例新能源协同控制系统，实时协同控制分布式电源、电动汽车、储能电池舱、能量路由器等设备，实现设备状态全息感知、精细化气象分析、高精度源荷预测、源网荷储调节潜力判断、控制策略智能推演、运行方式平滑切换、动态稳定控制、电网黑启动等核心功能，有力保障在不同运行场景下的电压、频率稳定，大幅提升广水市新能源消纳水平。

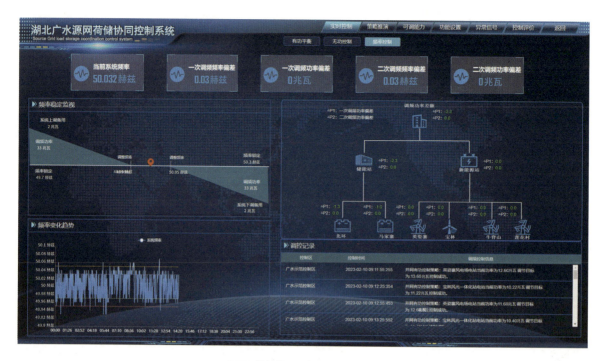

源网荷储协同控制系统界面

突破传统框架，保护侧体系重构

研究百分百新能源新型电力系统故障特性，提出灵敏度高、选择性好、主后备保护兼顾的新型继电保护方案。打造区域—站域—就地多层级新型继电保护体系，实现从 10 千伏到 110 千伏电压等级的保护全场景覆盖，满足示范区在不同故障场景下的安全稳定需求。

探索新兴技术，通信侧融合应用

建设"网络全域覆盖、业务全面支撑、技术安全可控"的 5G 网络，实现 5G 通信与电力系统全覆盖、多层次深度融合。5G 应用跨越了从 380 伏到 110 千伏的多个电压等级，覆盖了 DTU、充电桩、采集终端等多个控制对象。

PAC-8006-G 型站域保护装置

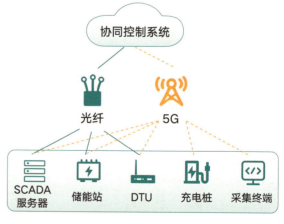

通信网络示意

实际成效

攻克领域前沿技术难题

针对"双高"电力系统运行中的重难点问题，提出构网型电压源控制、多端口能量路由与故障穿越、分布式储能集群协调控制、全新能源电力系统继电保护等多项核心技术，为新型电力系统构建与运行提供坚实的理论与实践支撑。

释放清洁能源发展空间

全年百分百新能源供电时间占比提升至77.02%，新能源供电量占比提升至84.87%，示范区于2023年年底实现常态化联网运行，新型电力系统每年可为钢铁冶炼、风机、纺织等重点产业输送清洁绿色电能超1.3亿千瓦时，有力推动了当地能源结构优化与绿色转型。同时，基于需求侧响应及与用户的双向交互，有效提升了电网机动调峰能力，减少调峰机组投资1.78亿元。

打造真型实证试验平台

构建世界首个可独立运行的百兆瓦级100%新能源新型电力系统，打造具备风光火储多电源组合、新能源占比0～100%可调、并离网在线切换等能力的真型试验基地，可为控制、保护、源网荷储互动等技术研究提供丰富试验场地。

典型经验

聚焦系统性

推动单个技术环节攻关向提供成套解决方案转变。相比单一技术环节的突破，更应注意推动全流程的协同优化。通过系统性整体布局，实现理论研究、仿真模拟、装备研制、试验实证等各环节的闭环迭代，推动项目由"点"到"面"高质量推进，从而满足更加复杂多样的工程需求。

聚焦实效性

推动单一场景研究向多阶段场景实证转变。仅在固定场景中进行技术研究与验证，无法模拟新型电力系统在不同发展阶段和不同运行方式下的实际情况，难以全面验证新技术和新装备的可靠性。项目通过设计多类型实证场景与方案，找到各类临界情形与适用边界，进一步提升技术装备的可用性。

聚焦开放性

推动多方各自为战向构建共享试验平台转变。协同政府、地方企业、设备厂家、用户等主体，成立技术联盟，实现产—学—研—用全环节贯通，共同推进新型电力系统研究和建设工作。依托本工程打造的真型试验基地具备向外部开放的条件，可为全社会研究新型电力系统提供共享平台。

推广前景

　　项目研究的风机、光伏构网控制技术及相应硬件模块可推广应用至新能源场站及新能源设备制造企业，提高新能源对电网电压和频率的主动支撑能力；项目研发的高比例新能源协同控制系统可推广至包含新能源、储能、柔性负荷、智慧充电桩等主体接入的区域型电网，包括县域电网、工业园区、综合能源试点工程等，提供数字孪生全景监控、功率融合预测、电网调频调压、源网荷储协同优化等核心功能；项目提出的新型继电保护技术、多端口能量路由技术及相关电力电子模块设计方案可推广应用至电力装备制造商，推动电力装备技术革新，并带动上、下游产业链发展，形成千亿级市场。

6 柔性低频输电示范

· **实施单位**：国网浙江省电力有限公司

· **建设内容**：面向深远海风电经济高效送出需求，创新柔性低频输电技术，牵头国家重点研发计划等系列项目研究，攻克系统构建、控制保护、装备试验等关键难题，研制柔性低频输电成套装备，建成台州 35 千伏和杭州 220 千伏柔性低频输电示范工程。

· **技术特色**：柔性低频输电技术在保留交流输电易组网优势基础上，采用 20 赫兹输电频率提升输电距离和容量，实现中远距离百万千瓦海上风电送出无需海上换流站，建设运维成本显著降低，并具备系统电压支撑和潮流柔性调节功能。在未来中远距离海上风电送出、沙戈荒新能源外送、城市电网多端互联及偏远地区供电等场景中独具优势。

· **实施成效**：项目取得了柔性低频输电系列自主原创成果，获批国家能源局能源领域首台（套）重大技术装备。台州工程实现了大陈岛富余风电高效送出，至 2024 年中新增风电消纳量 1400 万千瓦时；杭州工程实现了 500 千伏供区柔性互联互济，至 2024 年中保障电力供应 360 万千瓦时。成果推广至华能玉环 2 号海上风电项目应用。

案例背景

随着近海风电项目的站址资源日趋紧张，具有更丰富海域面积和风能资源的中远海势必成为我国海上风电开发布局的发展方向。根据浙江海上风电发展规划，2021—2035年浙江海上风电总装机容量为3650万千瓦，其中国管海域装机规模2800万千瓦。针对该输电距离和容量，常规交流输电因海缆充电无功问题难以满足送出需求，本项目前仅有柔性直流送出一种解决方案，该方案需建造海上换流站，建设运维成本高、难度大，且受制于直流断路器成本高，不易组网。同时，随着大规模海上风电馈入，电网亟需进一步提升灵活调节能力实现电力电量平衡，新型电力系统建设亟需创新大规模新能源高效汇集传输方式。

工作思路

国网浙江省电力有限公司（简称国网浙江电力）立足高水平科技自立自强，刻画从技术创新到价值创造的柔性低频输电研发示范实施路径，包含需求—项目—成果—转化—示范—推广6个主要环节。面向深远海风电送出重大需求，明确柔性低频输电技术方向，并拆解出各环节技术难点，纵深推进"国重项目、国网项目、省公司项目"集群攻坚，建立柔性低频输电技术理论体系，转化研制柔性低频输电系统关键装备，研发低频装备试验验证方法等。在示范推广方面，充分结合技术特点和属地电网需求，优选示范落点，确定从低压到高压，从陆地到海上的"分步走"工程示范路线，最终推动柔性低频输电技术商业化应用，并实现技术循环迭代。

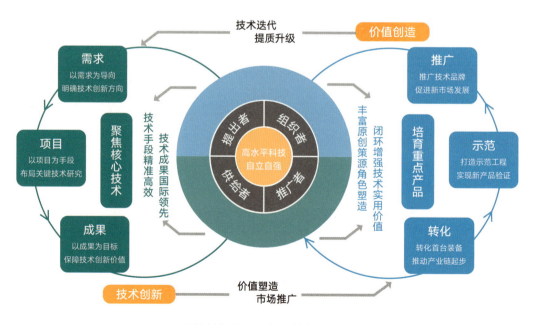

柔性低频输电研发示范实施路径

做法实践

国网浙江电力开展柔性低频输电示范的主要做法包括创新 20 赫兹柔性低频技术路线，攻克柔性低频输电装备技术难题，打造首个柔性低频输电示范工程三个方面。

创新 20 赫兹柔性低频技术路线

一是明确柔性低频技术方向。面向深远海风电高效汇集、城市电网多端柔性互联等现实需求，充分总结舟山五端柔性直流输电等首创项目建设运行经验，选择柔性低频输电作为主要攻关方向。技术保留了交流输电易组网优势，通过降低输电频率，减少线路无功消耗，提升输电距离和容量，在实现深远海大规模海上风电送出时，无需海上换流站，建设运维成本显著降低；采用电压源型换流器，在实现频率变换同时，具备类似柔性直流输电的柔性调控能力，可实现潮流灵活调节、无功补偿、电网电压动态支撑等功能。

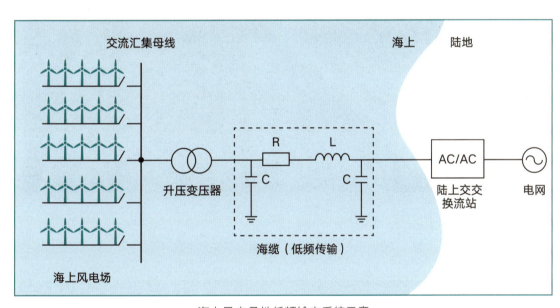

海上风电柔性低频输电系统示意

二是优选 20 赫兹输电频率。频率是影响输电能力和设备研发难度及成本的直接要素，通过从输电能力、设备可行性和研发难度、系统经济性等方面对系统频率优选技术进行集中研究，创新提出兼顾系统性能提升边际效应和设备成本拐点的频率选择方法，优选 20 赫兹输电频率提升输电距离和容量，在实现 70 至 180 千米范围内百万千瓦级海上风电送出时具有一定技术经济优势。

三是纳入国网浙江电力顶层规划设计。凝练技术生产实际价值与创新价值，将技术创新纳入国网浙江电力顶层规划设计，在《浙江构建新型电力系统重点技术问题与攻关计划》等文件中明确攻关柔性低频输电技术。

攻克柔性低频输电装备技术难题

一是开展项目集群研究。开展柔性低频输电技术诊断，拆解各环节技术要点，分析确定"从0到1"的频率影响科学问题和"从1到N"的工频和低频混联系统控制保护复杂、低频短路电流开断困难等技术难题。优选学科交叉、优势互补的"产学研用"单位，联合开展国家重点研发计划项目1项，国家电网公司总部科技项目2项，国网浙江电力科技项目5项集群攻关。

二是攻克装备研制技术。通过研究频率变化对电力系统和设备的影响规律、柔性低频输电系统内在的能量交互机理，发明低频分频分层综合解耦控制等系列运行控制策略和自适应快速线路差动保护等系列低频交流保护技术，工、低频功率控制误差均小于1%，保护动作时间小于30毫秒；攻克换流阀异频环流和电容电压波动抑制、长燃弧电流开断等低频设备技术难题，研制出国际首台330兆伏安柔性低频换流阀、252千伏低频断路器、220千伏低频变压器、低频风机等全套装备。

330兆伏安柔性低频换流阀

220千伏柔性低频输电成套装备主要参数

一次装备							
柔性低频换流阀			低频变压器		252千伏低频断路器		
容量（兆伏安）	额定频率（赫兹）	运行效率（%）	容量（兆伏安）	变比（千伏）	额定短路开断电流（千安）	分闸时间（毫秒）	全开断时间（毫秒）
330	50/20	>98.5	330	220/64	50	<8	<45

二次装备							
柔性低频换流站控制保护装置					低频交流保护装置		
执行周期（微秒）	保护动作时间（毫秒）	工、低频功率控制误差（%）	工、低频解耦控制功能	柔性重构控制功能	线路差动保护动作时间（毫秒）	主变差动保护动作时间（毫秒）	系统三相／两相运行方式下的可靠保护
<50	<5	<1	✓	✓	<30	<30	✓

三是建立装备试验能力。首创低频等效试验方法，主导研制低频检测仪器，编制了全套试验大纲，明确低频系列设备试验要求，形成系列标准；搭建柔性低频输电控制保护系统物理—数字混合试验验证平台，建成柔性低频输电真型试验系统，支撑柔性低频输电装备性能升级迭代。

打造首个柔性低频输电示范工程

一是优选示范路径方案。在示范工程落点选取上，充分结合技术特点，以及电网和民生需求，在实现创新技术示范验证的同时，提升工程实际效益和价值。结合柔性低频输电技术特点，明确了从低压到高压，从陆地到海上的"分步走"工程示范路线，即先通过台州海岛风电送出柔性低频输电工程开展风电柔性低频送出技术验证，再通过杭州城市供区互联柔性低频输电工程实现高压大容量低频成套装备性能验证，最后开展大容量海上风电柔性低频汇集

送出系统验证。

二是开展工程参数设计。创新提出柔性低频输电系统拓扑及主参数优化方法，涵盖参数初设、模型搭建、暂稳态分析、谐波仿真、过电压计算等 12 项流程，以 32 万次仿真分析完成海上风电柔性低频送出工程和城市电网柔性低频互联工程参数设计，有效解决工程设备参数难确定、首台首套设备间不协调的问题。

三是协同建成首创工程。属地公司和政府建立常态化协同联动机制，夯实安全生产基础，坚持绿色建设理念。于 2022 年 6 月 16 日在台州大陈岛建成世界首个运行在 20 赫兹频率下的发输变电工程，首次实现了风电低频接入和柔性并网送出。于 2023 年 6 月 30 日在杭州建成世界上电压等级最高、输送容量最大的柔性低频输电工程，首创了 500 千伏供区柔性低频互联，为柔性低频输电设备提供了全面技术验证，获得央视新闻联播报道，国家电网公司科技咨询委员会专题调研。

台州 35 千伏柔性低频输电工程低频风电机组

📖 实际成效

填补领域技术空白，支撑海岛风电送出

在柔性低频输电系统构建、控制保护和成套装备研制等方面取得了系列原创成果，填补了柔性低频输电参数设计、设备研制和试验安装等领域技术空白，截至 2024 年中已形成发明专利 47 项，运行规程 3 项，立项标准 13 项。台州 35 千伏柔性低频输电工程投运后，较常规交流输电方式减少海缆充电功率 60%，截至 2024 年中新增风电消纳量 1400 万千瓦时，实现碳减排效益 1 万余吨。

拓展低频互联模式，赋能城市电力保供

杭州 220 千伏柔性低频输电工程实现了杭州两大 500 千伏供区 30 万千瓦柔性互联互济，在不显著增加短路电流的前提下，充分利用电网既有设备资源提升供电能力，节约 1 座 220 千伏变电站建设投入。至 2024 年中，工程已在杭州亚运、迎峰度夏及寒潮台风影响期间发挥作用，保障电力供应 360 万千瓦时，并有效缓解了电网断面潮流超限问题。

形成风电送出方案，实现技术推广应用

项目为深远海风电规模化发展提供了全新的方案，推广至华能玉环 2 号海上风电场应用，支撑 304 兆瓦海上风电送出，进一步推动了新能源和柔性输变电全产业链高质量发展。

📑 典型经验

通过示范项目突破关键技术，是建设新型电力系统的重要途径

在新型电力系统发展下，电力电子变换器应用激增，生产需求与技术储备矛盾初现。国网浙江电力通过柔性低频输电示范，积累了大量自主创新经验，从电力电子器件、模块、装备、控保和系统 5 个层面突破前瞻性、基础性关键技术，为省地公司解决实际生产问题，保障电力系统安全运行奠定了技术基础。

通过示范项目锻造科研团队，是储备自主创新人才的重要方式

通过项目实践，在关键核心技术攻关过程中，培养了一批深入了解电网痛点，创新思维活跃，敢闯无人区的科研人才队伍。通过承担国家重点研发计划，开展示范工程建设，为技术团队搭建了自主创新的舞台，省级公司首次独立开展系统参数设计，提升了团队在规划、设计、建设、试验和运行的全链条能力。

通过示范项目加强政企联动，是服务社会绿色发展的重要渠道

通过在前沿技术落地过程中积极对接政府需求，充分结合属地电网特点，加强政企协同，优选场景示范路线，全方位满足了当地社会高质量绿色发展需求。通过在项目实施中建立属地公司和政府常态化协同联动机制，最大程度保护属地生态，打造了创新工程落地的政企联动样板。

推广前景

项目提出了全新的柔性低频输电技术路线，研制了柔性低频输电成套装备，形成了系列标准和运行规程，可复制性、可推广性好，可在中远距离海上风电送出、沙戈荒新能源外送、城市电网多端互联及偏远地区供电等场景推广应用。

未来，在海上构建一个具备经济高效、灵活柔性、可靠自愈等特征，与陆地主网多点互联的柔性低频交流输电网络，可进一步实现深远海规模化风电经济高效送出；在西部沙戈荒地区，面向大规模新能源基地、风光互补基地等，建立大型多端新能源场站柔性低频交流汇集送出系统，可实现广域新能源发电功率波动的集中平抑，对外呈现平稳的电源特性；在负荷密集地区建立基于柔性低频输电的电网互联系统，可实现电网柔性互联互济，电缆化城市电网供电能力提升等功能。

7 六安兆瓦级氢能综合利用示范站

- **·实施单位：** 国网安徽省电力有限公司
- **·建设内容：** 六安兆瓦级氢能综合示范站位于安徽省六安市，工程占地7000 余平方米，总投资 6000 余万元，配备国内首台兆瓦级质子交换膜制氢系统、首台兆瓦级质子交换膜燃料电池发电系统、热电联供系统及风光可再生能源发电系统。
- **·技术特色：** 攻克了大功率低能耗质子交换膜氢电转换装备技术，提出了宽范围响应的氢电协同控制技术，开发了氢能综合利用站安全预警与防护技术，创新了氢能综合利用示范站容量配置与试验技术。
- **·实施成效：** 助力氢能产业创新生态加快形成，培养了一批科技和产业人才，技术已在多家企业实现应用，并助力新能源消纳和电网调峰。牵头获安徽省科学技术一等奖、国家电网公司科学技术进步一等奖，获批国家能源局能源领域首台（套）重大技术装备。

案例背景

"双碳"目标下,新能源装机规模大幅提升给新型电力系统安全稳定运行带来巨大挑战,发展新型规模化可调资源迫在眉睫。氢能是未来国家能源体系的重要组成部分,是解决未来电力电量平衡和支撑电力系统安全运行的重要载体。质子交换膜制氢技术具有宽功率调节和快速响应能力,是国际公认的绿氢技术发展方向和战略性新兴技术,可采用谷电及光伏等新能源制、储、供氢,减少储氢容量,提高系统安全性,缩小占地面积,余氢用于燃料电池热电联供构成氢能综合利用站,是平抑风光长周期波动、支撑电网功率动态平衡的重要技术手段。质子交换膜氢能综合利用站既可实现大容量就地制储加供的氢能综合利用,又是规模巨大的灵活可调资源和新型储能技术,必将成为新型电力系统建设中的重大变革性技术,已列入国家"十四五"科技规划。

工作思路

立项之初,质子交换膜制氢与燃料电池已在欧盟、美国等国家大力发展,技术对中国封锁。国外企业已研制出单堆 250 千瓦的兆瓦级装置并实现规模化应用。国内质子交换膜制氢却处于实验室阶段,单堆功率千瓦级且性能与国外差距巨大,燃料电池发电也仅在车载方面试用,规模化集成与控制技术尚属空白。面对上述挑战,项目攻克了大功率高性能制氢及氢发电核心部件和系统优化,以及氢电一体化站安全防护与运行控制技术,研制了大容量、宽范围、低能耗电解制氢及氢发电成套装备,开发了国内首台兆瓦级质子交换膜制氢 / 发电成套装备,解决了系统配置、安全防护、试验验证等工程难题,创新了氢能参与削峰填谷和需求响应新模式,实现质子交换膜电解制氢及氢发电技术的全面突破。

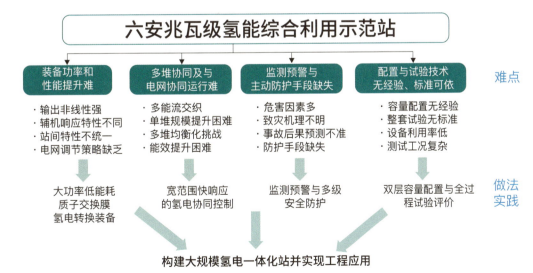

项目攻关难点及做法实践

📋 做法实践

国网安徽省电力有限公司（简称国网安徽电力）从关键技术、核心装备和工程应用等方面进行攻关，实现了氢能综合利用站系统规模、能效、调节性能、安全性等的全面提升。主要工作分为如下四个步骤：一是攻克大功率低能耗质子交换膜氢电转换装备技术，二是提出宽范围响应的氢电协同控制技术，三是开发氢能综合利用站安全预警与防护技术，四是创新氢能综合利用站容量配置与试验技术。

攻克大功率低能耗质子交换膜氢电转换装备技术

一是开发了大功率低能耗质子交换膜电解堆。氢能综合利用站水、热、电、气、力多能流和物质流相互交织，宏观能质传输和微观电化学反应同步进行，反应环境恶劣。针对材料部件性能提升、结构优化，以及兆瓦级规模放大带来的功率和效率提升需求，提出了高传质催化剂制备方法；创新了被动应力平衡整体结构，研制出国内首台 250 千瓦质子交换膜电解堆。

二是自主研制了世界首套兆瓦级质子交换膜制氢／发电一体化装备。针对多堆均衡匹配、热量管理复杂等技术难题，提出了三级气水分离、低氢损纯化、支路独立水热管理等系统工艺；创新了无驱动自排水分水增湿结构，提出了热量梯级逆流换热回收方案，自主研制出兆瓦级质子交换膜制氢成套装备及兆瓦级质子交换膜氢发电热电联供成套装备，投运至今，系统性能保持稳定。此外，还建立了单体到系统全过程性能测试方法及评价体系。

兆瓦级质子交换膜电解堆

兆瓦级质子交换膜氢发电

提出宽范围响应的氢电协同控制技术

一是创新了适应变工况的一体化系统宽范围、自寻优运行方法。提出了系统运行点自寻优控制方法，降低低载氢渗，拓宽了运行范围；提出了基于功率指令前馈与系统热、质动态预测工况反馈的控制策略，整站响应能力大幅提升。

二是提出了面向电网调度和需求响应的集群氢能综合利用站功率分配与调控策略。提出了基于最优化理论的集群级负载分配策略，保证整站运行工况最优；建立了多堆在线优化模型，提出氢负荷预测响应调峰控制方法与分布鲁棒调频控制方法，提高了集群氢能综合利用站参与电网调节的响应能力。

开发氢能综合利用站安全预警与防护技术

一是揭示了整站氢气泄漏火灾爆炸动力学机理。建立了氢气泄漏事故树模型，揭示了整站高压氢气泄漏扩散机制，及氢气浓度时空动态分布规律；提出了高压氢气泄漏激波形成及其诱导自燃机理，刻画了泄漏点氢喷射火、爆炸行为特征，奠定整站安全防护数据基础。

二是建立了氢能综合利用站事故后果量化模型。提出了修正的氢气泄漏扩散高斯模型，实现了对氢气泄漏后果的精准预测；建立了高压氢泄漏自燃理论预测模型、氢气喷射火热辐射危害和蒸汽云爆炸灾害三大模型，量化了燃爆等级，解决了事故后果准确预测难题。

三是提出了"监测预警—多级安全联锁"一体化安防技术。提出了以氢气浓度探测报警、关键工艺故障监控、强排风风机联动为核心的主动安防策略，建立了一体站监测预警逻辑及多级安全联锁机制，开发了全站动态安防监控系统，实现对氢气泄漏的早期预警与事故预防。

创新氢能综合利用站容量配置与试验技术

一是提出了非线性时序运行模拟嵌套的系统双层容量配置及经济性分析方法。构建了数据模型融合驱动的氢负荷预测模型，建立运行—规划双层容量配置模型，解决了动态时序配置难题。构建多形态模块式配置平台拓扑，提出自适应粒子群高效求解算法，开发出一体化站容量配置软件。

二是创新了整站全过程试验技术。配合调度完成了制氢—储氢—发电的整站联调试验，首次现场验证了氢能综合利用站电网削峰填谷、需求响应能力。

📖 实际成效

完成"制、储、发"氢能技术的全面验证和工程应用，助力多项指标提升

深耕电氢耦合装备与系统研究、工程示范与推广应用，在推动行业科技进步、政策出台等方面取得积极成效。成果获国家电网公司科学技术进步一等奖，并获批国家能源局能源领域首台（套）重大技术装备；促进了省市各级政府的政策出台，2024 年，安徽省政府印发《皖北新能源产业高质量发展行动方案（2024—2027 年）》，明确指出在皖北地区推广本示范站的技术成果，同时列入《美丽安徽建设规划纲要（2024—2035 年）》。

实现核心装备和系统技术推广，打造产学研用团队

质子交换膜氢电转换核心装备、容量配置系统、氢电协同控制策略等成果已经在多家企业应用推广，产品及技术服务销售到内蒙、宁夏、重庆、湖北、北京等地，过程中也培养了一批新时代的氢能领域科技人才与生产制造技术人员。

助力新能源消纳和电网调峰，推动氢能产业发展

多次参与调度调峰填谷响应，首次验证了氢能综合利用站电网削峰填谷和需求响应能力，相关装备技术的研制及规模化氢电耦合应用方案的提出成功助推氢能产业发展。技术获国家发展改革委相关领导和李建刚、衣宝廉等院士专家肯定，公司领导对项目多次做出重要批示；央视一套、二套、《人民日报》等媒体给予了高度评价；受邀参加上海国际碳博会、首届中国国际链博会、亚太电协会议等重要展会。

典型经验

六安兆瓦级氢能综合利用示范站项目在装备研制、一体化设计、安全防护、运行维护方面先行示范：攻克了大功率高性能制氢—发电核心部件及装置研制、氢能综合利用站安全防护与运行控制技术，解决了系统配置、试验验证等工程难题，实现氢电一体化技术全面突破，获批安徽省首个制氢加氢一体站的经营许可证，进一步实现就近制氢。

充分挖掘氢储能支撑电网能力

本项目率先实现了氢能参与电网调节，对于氢能在分布式发电等领域的应用具有重要意义。通过兆瓦级电解水制氢—分布式氢发电热电联供，实现了宽范围波动性可再生能源消纳、电网削峰填谷等功能，在保障高比例可再生能源新型电力系统的安全稳定运行、建设新型能源体系的实践中发挥了重要作用。

积极探索氢能商业化运行模式

项目首次贯通了制氢—储氢—氢发电全链条技术，同时，在安徽省首次获批就地制氢加氢，风电光伏和谷电所制氢可通过管道输送给隔壁的加氢站，省去拖车运输环节，有效减少氢气销售成本。

兆瓦级质子交换膜电解堆

兆瓦级质子交换膜氢发电

装备研制

整站工艺流程模拟

生产车间平面设计

一体化设计

安全防护策略

兆瓦级质子交换膜电解堆

安全防护

示范站取得燃气经营许可证

长期运行未发生明显衰减

运行维护

国网六安兆瓦级氢能综合利用示范站项目典型经验

推广前景

随着新能源的持续降本和氢能支持政策的进一步完善，规模化氢电耦合应用前景更加广阔。项目为大规模氢电一体化提供可复制、可推广的示范样板，推动了安徽省一系列氢能利好政策出台。为下一步布局氢储能在新型电力系统源网荷多环节的应用提供理论研究依据，为进一步促进氢能产业规模化、效益化、产业化的发展打下基础。未来在可再生能源丰富、有氢气应用需求的地区推广本项目先进成果，扩大氢能应用场景，因地制宜建设大规模长周期储能系统、孤岛离网储能系统等，实现从绿电到绿氢再到绿电的零碳循环，助力源荷匹配，发挥氢能时空转移，加速能源结构调整。

宁夏虚拟电厂运营管理平台示范

· **实施单位**：国网宁夏电力有限公司

· **建设内容**：宁夏虚拟电厂运营管理平台示范，依托新型电力负荷管理系统建设，实现对全省虚拟电厂的统一服务、统一管理和统一调用，助力电力保供和新能源消纳。

· **技术特色**：首创省级虚拟电厂运营管理平台，采用三层两级协同运行架构，构建管理和服务两类功能，政企协同健全政策保障体系，为虚拟电厂建设运营提供"一站式"服务，实现虚拟电厂参与需求响应、辅助服务、电力中长期市场、电力现货市场等全流程贯通。

· **实施成效**：为需求侧分散资源以市场化方式参与电网调节提供了样板，累计组织参与辅助服务调峰市场 135 次，增加新能源消纳 5793 万千瓦时，参与中长期成交电量 3.84 亿千瓦时，减少二氧化碳排放约 45925 吨，运营商和代理用户获益超过 1000 万元，成果经中国电机工程学会鉴定达到"国际领先水平"。

📋 案例背景

宁夏是全国首个新能源综合示范区，新能源装机占比超过 57%，成为宁夏第一大电源，新能源间歇性、波动性带来的发电能力具有不确定性。"宁电入湘"工程投运后，拉动能源需求加速增长，电网外送将超过 2000 万千瓦。

同时宁夏聚力打造"六新、六特、六优"产业，区内负荷快速增长，电网峰谷差持续增大，供需关系日趋复杂，电力供需平衡与新能源消纳面临巨大压力。

📋 工作思路

国网宁夏电力有限公司（简称国网宁夏电力）开展虚拟电厂顶层政策规划，推动出台虚拟电厂相关支持政策，建立健全政策保障体系，助力虚拟电厂规范有序建设运营；依托新型电力负荷管理系统高标准建设虚拟电厂运营管理

平台，满足对全区虚拟电厂的接入服务、运行服务和交易支撑服务；依托自治区电力负荷管理中心，打造高效运营体系，引导社会资本参与虚拟电厂建设，常态组织虚拟电厂参与全品类市场，支撑服务虚拟电厂发展壮大。

虚拟电厂促进新能源消纳

做法实践

国网宁夏电力按照"总体设计、分步实施、试点推进"的原则，高质量推进宁夏虚拟电厂建设和运营工作，助力电力保供和新能源消纳，保障新形势下电力可靠供应与供需平衡。主要工作包括以下三项内容：一是建立健全政策保障体系，二是高标准建设虚拟电厂运营管理平台，三是打造高效运营服务体系。

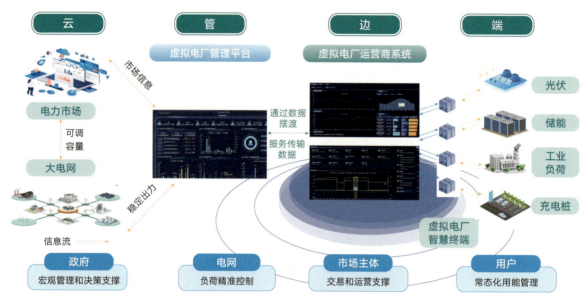

虚拟电厂运营管理平台整体架构

建立健全政策保障体系

一是明确宁夏虚拟电厂建设内容、要求和保障措施。2023 年 4 月，推动宁夏发展改革委印发《宁夏回族自治区虚拟电厂建设工作方案（试行）》（宁发改运行〔2023〕269 号），鼓励各相关方积极推动虚拟电厂建设，为虚拟电厂的建设运行提供政策保障和技术依据。

二是明确虚拟电厂参与市场与结算试运行方案。2023 年 7 月，支撑宁夏电力市场管理委员会印发《虚拟电厂、储能等市场主体参与宁夏顶峰、调峰辅助服务市场运营实施细则（试行）》（宁电市管〔2023〕8 号），2023 年 11 月，宁夏发展改革委制定《宁夏电力现货市场结算试运行工作方案》（宁发改运行〔2023〕817 号），明确虚拟电厂以"报量不报价"形式参与电力现货市场试结算运行。2023 年 12 月，支撑宁夏发展改革委印发《宁夏回族自治区电力需求响应优化实施方案》（宁发改运行〔2023〕842 号），将虚拟电厂纳入聚合主体，可常态化参与需求响应。

三是规范虚拟电厂建设接入、交易、运行、结算、评价、退出、信息披露全过程管理流程。2023 年 12 月，支撑宁夏发展改革委、国家能源局西北监督局印发《宁夏回族自治区虚拟电厂运营管理细则》（宁发改规发〔2023〕16 号），进一步规范了虚拟电厂建设接入、交易、运行、结算、评价、退出、信息披露全过程管理流程。

高标准建设虚拟电厂运营管理平台

一是完成虚拟电厂运营管理平台功能建设。宁夏虚拟电厂运营管理平台分为虚拟电厂管理平台和虚拟电厂聚合运营系统，虚拟电厂管理平台包含管理和服务两类功能，实现对全区虚拟电厂的接入服务、运行服务、交易支撑服务；虚拟电厂聚合运营系统包括运营类、聚合类、控制类、市场类四类功能，支撑虚拟电厂参与宁夏需求响应、辅助服务市场等。

二是实现调度、营销、用采、交易等7大系统贯通。虚拟电厂运营管理平台通过安全文件传输（SFTP）协议与调度技术支持系统贯通，接收调度调节需求，通过互联网大区的数据交互服务下发至互联网公网的各虚拟电厂平台，实现生产控制大区、管理信息大区、互联网大区、互联网公网的业务贯通；通过KAFKA方式与用采集成，接收虚拟电厂运营商和代理用户的计量数据；与营销平台集成，

获取户号、容量、营业执照等档案类信息，并推送虚拟电厂运营商代理绑定关系等数据；通过超文本传输安全（HTTPS）协议与交易平台贯通，推送资源绑定关系等数据。营销2.0系统通过政务平台获取电力用户法人身份等非结构化数据后，共享至交易平台和管理平台；管理平台和营销2.0系统获取交易平台用户交易清分等数据。

三是打通末端负荷聚合资源管理路径。末端负荷资源通过负荷管理装置以消息队列遥测传输（MQTT）协议、IEC104协议等方式接入虚拟电厂聚合运营系统，实现可调节资源的聚合。虚拟电厂聚合运营系统在满足相应安全防护要求后，以超文本传输安全（HTTPS）协议与互联网大区虚拟电厂数据交互服务进行对接，将聚合运营数据传输到信息内网虚拟电厂管理平台，实现虚拟电厂运营管理平台对负荷资源的整体聚合。

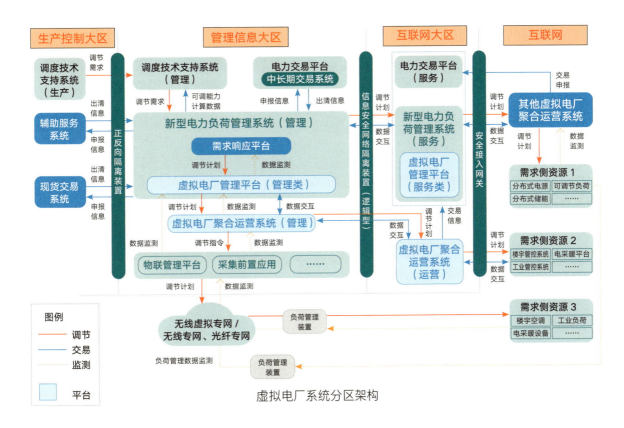

虚拟电厂系统分区架构

打造高效运营服务体系

依托自治区电力负荷管理中心，围绕"多维管理、运营服务、技术服务、特色实践、多措并举"五大要素，建立虚拟电厂建设运营服务体系，主动向社会公开虚拟电厂建设接入流程，向虚拟电厂运营商提供运行监测、能力校核、调节需求、组织实施、交易信息等服务，支持虚拟电厂参与"现货中长期＋辅助服务＋需求响应"全类型市场。

虚拟电厂建设运营服务体系框架

🔲 实际成效

促进新能源消纳成效显著

截至 2024 年 10 月底，宁夏虚拟电厂已累计组织参与辅助服务调峰交易 135 次，增加新能源消纳 5793 万千瓦时，等效节约标煤约 18422 吨，减少二氧化碳排放约 45925 吨。

降低电力保供成本显著

利用虚拟电厂聚合资源以市场化形式参与电网调节，2023、2024 年连续两年迎峰度夏、度冬期间省间购电次数减少超过 20%，区内未执行需求响应和有序用电措施，3000 千瓦负荷参与配电网精准响应，降低重载线路负荷达到 40%，大幅降低保供成本。

降低或延缓传统电源投资

利用虚拟电厂聚合需求侧资源，预计只需要投资常规火电机组的 1/10–1/7。现有虚拟电厂聚合动态调节能力，相当于 3 台 35 万千瓦火电机组，可减少建设传统电源投资约 38.55 亿元以上。

社会效益和示范性良好

虚拟电厂运营管理平台为需求侧分散资源参与电力市场和需求响应提供智能化、便捷化服务，实现电网与用户的双向友好互动，同时为虚拟电厂运营商及代理用户带来了较好经济效益，累计获利达到 1019.77 万元。

典型经验

规范化运营

健全政策保障体系，推动政府出台虚拟电厂建设方案、运营管理细则等 5 项政策，为虚拟电厂健康可持续发展提供方向指引。

常态化服务

建立虚拟电厂建设运营服务体系，组建虚拟电厂服务团队，明晰各部门、各专业职责，为虚拟电厂系统接入、市场交易等提供常态化专业指导。

规模化发展

深入挖掘需求侧可调资源，针对性开展负荷资源灵活性改造，降低虚拟电厂投资成本和参与电网调节难度，引导社会各界积极参与。

市场化交易

完善各类市场交易规则，拓展参与调节场景，支撑政府制定 2 类 4 种虚拟电厂结算套餐，保障运营商与聚合用户双方利益。

推广前景

项目成果完成了调度、交易、用采、营销等系统的贯通，明确了各方的职责，为虚拟电厂探索建设积累了丰富的经验，也为其他网省公司建设虚拟电厂提供了重要的参考，推动了调度生产组织方式由传统计划向市场化转变，建立了枢纽型大电网与分布式聚合商融合发展、协同控制新体系，开辟了支撑新型电力系统建设、助力"双碳"目标实现的全新路径。通过复制和借鉴宁夏的建设经验和技术手段，其他网省公司可以更快地推进虚拟电厂的建设工作。随着新能源的快速增长和电力现货市场的加速建设，各地区虚拟电厂专项支持政策相继出台，项目成果具有广阔的应用前景。

9 省级空调负荷"全感知、全预测、全调节"管控技术及应用

- **·实施单位：** 国网重庆市电力公司、国家电网有限公司客户服务中心、国网能源研究院有限公司
- **·建设内容：** 以"构建省级空调可调节负荷资源池"为目标，按照政策体系构建、全面调查安装、系统开发接入、负荷精准调节的实施路径，深挖客户侧空调可调节资源，创建空调负荷调节机制，实现全市空调负荷统一调控。
- **·技术特色：** 首创全域空调负荷感知技术，实现全域全类别空调负荷精准感知；创新"一户一策"全时空空调负荷可调潜力预测方法，实现可调潜力精准预测；创新"自主＋柔调"组合的全手段空调调控策略，实现柔性调控目标。
- **·实施成效：** 已建成国内首个城市级集群调控示范工程和首个省级柔控系统。已实现全市空调全量监测，构建千万千瓦级空调负荷资源池，启动空调负荷管理 33 次，最大压降负荷超 200 万千瓦。

案例背景

在践行"双碳"目标、推动能源绿色低碳转型背景下，随着新能源的大规模接入，叠加能源供应不确定性、极端天气突发等因素，电力供需平衡迎来巨大挑战。度夏期间国家电网经营区仅空调负荷达 3.29 亿千瓦，占总负荷比重超 30%，已成为国家、国家电网公司重点关注对象。因此，空调负荷管理对维持电力供需平衡具有重要作用。

重庆地区资源禀赋不足，电力供需矛盾长期存在，全市用电负荷存在空调负荷占比大、工业负荷调控能力小等特点，其中空调负荷占比超 50%。而空调作为柔性负荷，降荷潜力大、经济影响小，通过柔性调节参与电网削峰，既不影响客户使用，也不影响企业生产经营，是一条保安全、保民生、保供电、保稳定、保经济的有效路径。

工作思路

按照"政策体系构建、全面调查安装、系统开发接入、负荷精准调节"的思路，促成市、区两级政府出台政策，支持大型楼宇中央空调用户现场信息排查及智能化管理设备安装调试，创新省级空调负荷"三全"管控技术，开发重庆市空调负荷管理模块，编制起草了《2024年重庆市电力需求响应实施方案》（渝电力电煤保供办〔2024〕10 号），完善空调负荷统

一管控机制，提升空调负荷资源调节能力。

建成国网系统内首个城市级集群调控示范工程和首个省级柔性负荷控制系统，对全市高压商业、公共机构楼宇空调用户以及全量的居民空调用户，实现全量在线监测，构建千万千瓦级空调负荷资源池，度夏期间推动集群规模化空调负荷参与电网调节，实现空调负荷最大压降达百万千瓦级。

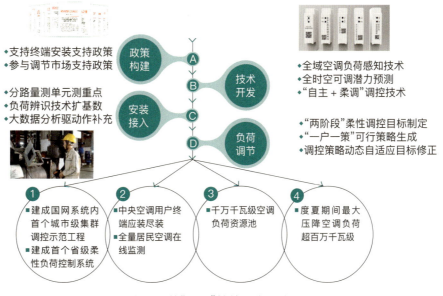

省级空调负荷"三全"管控工作思路

📑 做法实践

立足电力供需严峻形势，国网重庆市电力公司（简称国网重庆电力）首创省级空调负荷"三全"管控技术，着力攻克负荷数据感知、可调潜力预测、调节策略制定等空调业务全环节技术难题，充分发挥空调负荷资源灵活性，提升电网调节能力，助力电网精准削峰保供。

首创空调负荷全域感知技术，提升空调负荷监测能力

一是分路量测单元监控楼宇的中央空调。按照"因地制宜、复用利旧、便于扩展"的原则，通过智慧能源单元接入新型电力负荷管理系统，实现中央空调负荷分路精细化监测。

二是负荷辨识模组识别居民空调。采用"物联表＋辨识模组"方式，创新移频迭代滤波动态信号分析方法，研发深度神经网络模型结合事件先验信息的负荷波形分解方法、基于多时间尺度的空调负荷识别方法，从用户总负荷中精准提取居民空调负荷。

三是云云对接监测新型智能空调。基于国网统推版"e 起节电"活动载体，创新"e 起节电—家电云管家"，引入空调设备签约、用能服务监测等新功能，通过 云云对接的形式，

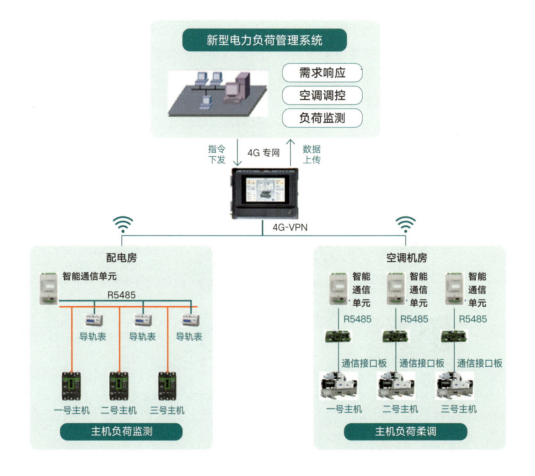

分路量测单元技术路线

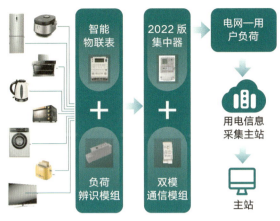

居民空调负荷辨识技术路线

实现"电网—用户负荷"协同互动，实现新型智能空调负荷"可测、可调"。

四是大数据监测识别模型接入其余空调。依托用户档案、用户负荷信息、节假日信息、气象信息等海量数据资源，通过柔性负荷分析、基准负荷选取及可调潜力分析建立空调负荷画像，开展柔性可调负荷、时段可调程度特征算法训练，构建空调负荷大数据辨识模型，实现空调负荷在线监测。

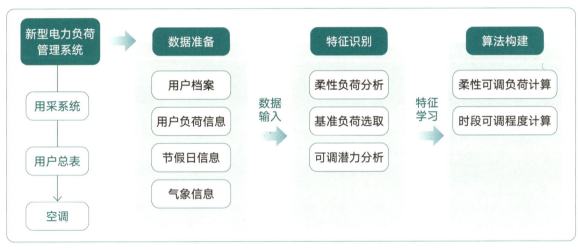

大数据监测识别模型技术框架

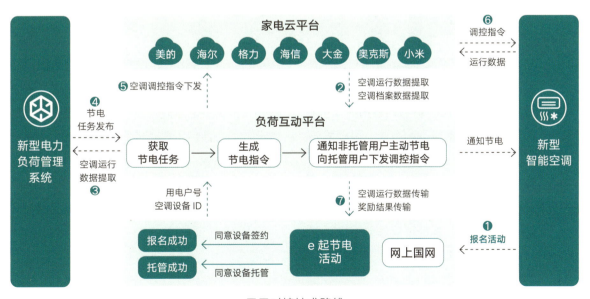

云云对接技术路线

创新全时空空调负荷可调潜力预测方法，深挖空调负荷可靠可调能力

构建考虑多元参数融合的空调负荷潜力预测方法。考虑空调负荷运行特性、空调设备参数、室内外环境条件等内外部因素影响，采用相关性分析法，分析空调负荷与出水口温度、环境温度等参数之间的关联关系，构建空调负荷时空关联数据库，建立空调负荷与终端设置温度、出水口温度等参数的机理模型，及其与环境温湿度的数据模型，聚合预测空调负荷可调节潜力。

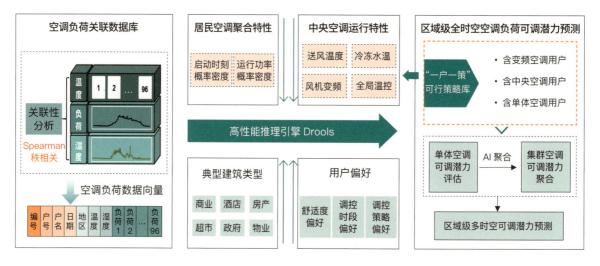

空调负荷潜力预测模型

创新"自主 + 柔调"全手段空调负荷调节策略，压实可靠调控目标

一是打造空调智慧管家 App。开发空调启停、模式改变、温度设置等远程控制功能，考虑空调用户历史用能行为习惯，结合节约用电、分时电价、需求响应等政策，为用户智能推荐空调建议设置温度、风速建议挡位等用电策略，为空调用户智能柔性调节与节能管理提供"便捷小助手"。

二是构建"两阶段"柔性调控体系。统筹考虑电网缺口和各区域实时负载状态，构建"跨区互济、区内智配"的调控策略，将调控目标从"主站—用户"逐层分解，制定区域间轮调互济调控策略及区域内分群组、分时段的差异化调节计划，结合用户用能习惯和空调运行特性绘制用户画像，"一户一策"制定初步调控计划；根据实时感知的调控效果与调控目标间的偏差，自适应修正、阶梯式逼近调控目标，实现用户舒适度保障与空调负荷精准压降"双赢"。

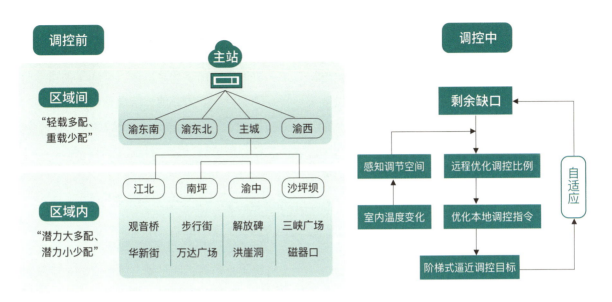

"两阶段"柔性调控目标分配原则及调控流程

🖳 实际成效

研发应用空调负荷监控终端

采用"硬件通配＋软件集成"设计理念，研发中央空调负控终端，兼容超 10 类中央空调品牌和机型，累计安装设备终端 3399 套，接入中央空调楼宇 1576 栋；研发基于智能物联表的空调负荷辨识终端，接入居民空调用户 5246 户，辨识精准度达 93.9%。

中央空调负控终端

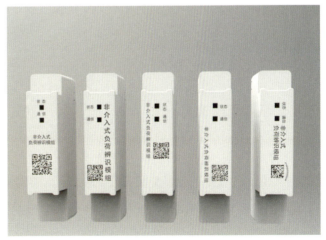

居民空调负荷辨识终端

打造空调监测调节便捷工具

开发"e家电云管家"小程序，便于居民用户通过手机远程启停空调、改变运行模式及调节空调设置温度；开发中央空调管理小程序，便于中央空调用户实时在线监测主机运行状态，并远程调节主机运行参数，优化运行状态。

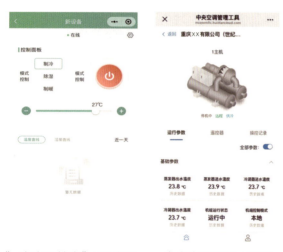

"e家电云管家"小程序端　　中央空调管理小程序

建设空调负荷管理功能模块

开发空调负荷全景监测、空调负荷特性分析、空调可调能力评估、空调网荷互动管理、算法模型管理及检验评价6大模块，实现全市全量空调负荷"统一管理、统一调控"。

建成国网系统内两个"首个"

建成首个城市级集群调控示范工程和首个省级柔性负荷控制系统。截至2024年9月30日，已实现对重庆全市约1.77万户高压商业、公共机构楼宇中央空调用户，以及全量居民空调进行监测。其中，中央空调负荷约240万千瓦，居民空调负荷超1100万千瓦，成功构建千万千瓦级空调负荷资源池。

开展空调负荷参与电网运行

2022—2024年度夏期间开展省级规模空调负荷参与节电或需求响应，累计启动空调负荷管理33次。其中，中央空调负荷单日最大压降达65.6万千瓦，居民空调用户单日最大压降超180万千瓦，有效助力电网精准削峰，缓解电网保供压力。

📖 典型经验

创建政企联动新模式

构建政策体系，促成政府以行政命令方式同步推动信息调查、现场查勘和设备安装，加强统筹调度，构建专班机制，多渠道同时发力，促请政府优化完善分时电价和需求响应方案，降低参与门槛，提高补贴标准至25元每千瓦·次，引导激励用户主动参与。

攻克全环节技术难题

采用现场安装设备、云平台接入、大数据模型等技术路径监测全域全类别空调负荷；构建反映多场景、多类型空调调控特性的可行策略库，生成"一户一策"最优调控策略，多维度全时空聚合预测空调可调潜力；智能推荐用电策略，分解调控目标并批量制定调控计划，采用"自主 + 柔调"全手段组合调节策略，压实空调调控目标。

建立常态化管理机制

加强现场设备安装运维和系统支撑，形成标准化手册；提供设备改造升级、用能优化、负荷聚合等更多增值服务，强化数据分析，定期向客户推送能效诊断报告，持续强化客户节能意识，提升节能水平和客户参与积极性。

推广前景

省级空调负荷"三全"管控技术，旨在解决迎峰度夏（冬）场景下的电力供需平衡问题。采用空调负荷柔性调节技术，缓解电力供需形势偏紧的网省公司电网供需平衡问题，帮助能效服务商科学指导空调用户用能优化，项目推广应用可为电网企业、空调用户、负荷聚合商、虚拟电厂运营商等带来可观效益。

一是降低电网建设费用。在电网企业内，全国夏季空调负荷超 4 亿千瓦，可调潜力约 6000 万千瓦，若全面推广应用，可节约电网投资 2400 亿元。

二是增加参与主体收益。项目可为空调用户、负荷聚合商、虚拟电厂运营商等提供可观的潜在市场价值，空调用户和负荷聚合商通过直接或间接参与需求响应、电力市场交易等，从而获取可观收益。

10 国内首个正式运行的省级电力现货市场

- **实施单位：** 国网山西省电力公司
- **建设内容：** 为进一步推动能源转型和新型电力系统构建，发挥电力现货市场建设试点示范效应，国网山西省电力公司通过完善电力市场评价指标体系、鼓励灵活调节资源入市、丰富辅助服务市场交易体系、统筹推进省间和省内现货市场协调运行等方式，不断深化电力现货市场建设。
- **技术特色：** 一是从市场结构、市场行为和市场效益三个维度建立市场评价指标体系，规范市场主体行为；二是根据市场主体物理特性设计激励储能、虚拟电厂的现货市场交易机制，发挥灵活调节资源优势；三是丰富辅助服务市场交易品种，完善调频辅助服务市场，探索省级备用市场化交易机制；四是采取"分层申报、协调出清"的方式高效衔接省间和省内现货市场。
- **实施成效：** 山西电力现货市场模式下，电力供应更加可靠，2023 年度夏期间省内现货市场交易均价为 0.349 元 / 千瓦时，有效激发煤电机组保供积极性；能源消费更加绿色，2023 年新能源发电量 815.2 亿千瓦时，新能源利用率达 98.9%；灵活调节能力不断提高，新增独立储能、虚拟电厂等灵活调节资源约 70 万千瓦；资源配置更加优化，促进山西北部低成本、大容量机组替代高成本机组发电。

📝 案例背景

山西作为首批电力现货市场建设试点省份之一，自 2016 年初启动现货市场建设方案研究以来，累计开展了 7 次 122 天结算试运行，并于 2021 年 4 月 1 日起开始不间断结算试运行。为进一步推动能源转型和新型电力系统构建，发挥现货市场建设试点示范效应，助推全国统一电力市场建设，国网山西省电力公司（简称国网山西电力）以深化电力现货市场建设为牵引，实现各类市场交易和价格机制的高效衔接，完善保障市场稳定运行的相关机制。山西电力现货市场经过多年连续结算试运行的实践验证，已具备转入正式运行的条件，2023 年 12 月 22 日，山西电力现货市场在国内率先转入正式运行，为国家加快推进电力体制改革贡献力量。

📋 工作思路

山西电力现货市场试运行全面覆盖电网检修密集期、风光大发期、冰雪保供期等典型运行场景，多年以来经历多次规则迭代、政策调整等变化，积累了大量的市场运行经验。为继续深化电力现货市场建设，山西在市场监管方面从市场结构、行为和效益等维度完善电力现货市场评价指标体系，在市场主体方面推动以储能、虚拟电厂为主的新型市场主体入市，在省内市场方面丰富调频、备用辅助服务市场交易品种，在省间市场方面统筹推进省间中长期、省间现货与省内市场的协调运行模式，以"多点开花"的方式推动山西电力现货市场在国内率先转入正式运行。

📋 做法实践

山西通过多年的市场运行实践发现，电力市场建设要以发挥现货市场价格信号的引导作用为核心，健全市场风险防控机制，鼓励新型主体积极入市，促进辅助服务的市场化，统筹推进省间、省内市场协调运行，保障电力市场全环节、全流程、全品种稳定、同步发展建设。

完善电力现货市场评价指标体系

科学合理的市场评价指标体系可以有效规范市场主体行为，促进市场红利的合理分配，有效控制垄断市场主体利用市场力攫取不合理收益的情况。山西在总结省内现货市场结算试运行经验的基础上，分析省级现货市场试运行的发展趋势和影响因素，从市场结构、市场行为和市场效益三个维度评价电力现货市场运行情况，设计反映整体市场结构的赫芬达尔－赫希曼指数（HHI）指标，体现市场主体竞价实力的供应剩余率指标（RSI），衡量市场主体报价行为的报价波动率、高价申报率、物理持留比和反映电力市场效益增益的生产者效益增益指标、消费者效益增益指标等内

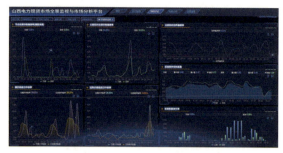

山西电力现货市场评价指标系统

容，建立多维度、全时段的完整市场评价指标体系，为现货市场运行提供监测依据。

推动独立储能等新型主体积极入市

随着新型电力系统加快建设，以储能、虚拟电厂、微电网等为代表的新型主体快速发展。因此山西积极开展省内虚拟电厂、独立储能、抽蓄等灵活调节资源在建设基础、发展规模、盈利模式、成本特性等方面的调研，结合山西新型电力系统发展需求和电力现货市场建设特点，出台适用于省内新型主体交易的市场规则。一是编制印发国内首份省级虚拟电厂运营管理文件《虚拟电厂建设与运营管理实施方案》（晋能源规〔2022〕1号），明确建立虚拟电厂市场化运营机制，成为国内首家通过市场化方

式实现需求响应的省份。二是设计独立储能自主选择以"报量报价"或"报量不报价"方式参与现货市场的机制，储能可自主决策申报充放电状态的量价曲线及充放电运行上下限、存储电量状态等。三是允许抽蓄电站以"报量不报价"的方式参与电力现货市场，电量电价分别执行抽水和发电时段的实时现货市场价格，收益模式由原本的单一租赁制转为"容量＋电量"两部制，有效扩展收益渠道。

丰富辅助服务市场交易品种

一是为进一步激励电力现货市场价格信号引导火电主动调峰，山西在2020年率先探索实现了调峰市场与现货市场的融合。

二是考虑到火电机组提供电能量和调频服务的容量具有耦合性，根据电网实际运行情况设计了分时段调频机制和机会成本补偿机制，允许部分调频性能好、深调能力强的机组，可以在不同时段提供不同类型的调节服务，最大化辅助服务市场收益，有效提升了机组调频的积极性，实现了调频市场与现货市场的联合运行。

三是针对新能源占比高、系统调频资源不

山西源网荷储智能互动平台

足、外送任务重、备用容量和可靠性要求高的特点，山西研究并出台了《山西正备用辅助服务市场交易实施细则（试行）》，该文件明确采用市场化方式激励各类市场主体预留备用能力，提出在 15 分钟内响应调度指令且持续时长不少于 2 小时等条件，满足省内和省间电力保供需求，保障用户可靠供电。山西基于新型市场主体的灵活调节特性，严格落实国家政策文件要求，重点把握各类市场交易品种之间的功能定位、交易时序、结算价格等衔接机制，

目前已形成市场主体多元、交易品种丰富、费用分摊合理的辅助服务市场体系。

统筹推进统一电力市场模式

山西统筹推进统一电力市场的省间、省内市场协调运作模式，在交易时序、交易品种、计划调整、偏差结算等方面形成统一标准和规范接口，设计省间现货交易与省间中长期交易、省间现货交易与省内现货交易的衔接机制。山西省间和省内市场采取"分层申报、协调出清"的模式，国调下发基于省间中长期交易计划的跨省跨区通道输电计划及直调机组预计划；省内现货市场以省间中长期交易结果为边界，预出清省内现货市场交易结果，保障外送电交易物理执行，实现大范围资源优化配置；在预出清的基础上，根据省内发电主体富余能力或电力供应缺口参与省间现货市场，实现省间电力资源余缺互济；省间现货市场出清结果下发后，省内以此为边界进行现货市场和辅助服务市场出清。山西通过省间与省内市场的协调运行满足电力保供和增加外送的实际需求，融入全国统一电力市场体系，将能源优势转化为电力优势。

山西电力调频辅助服务市场介绍

山西电力调频辅助服务市场机制特色

（1）目前山西调频市场开展五个时段的交易，具体时段为 00:15-06:00，06:15-12:00，12:15-16:00，16:15-21:00，21:15-24:00。

（2）运行日中发现某调频（ACE）机组不跟踪 AGC 指令，调频性能指标不合格，不满足调频机组基本调峰能力要求时，可以实时退出该机组调频状态，取消该机组当日调频收益及相关补偿，并从次日起连续三天将该机组暂停调频市场准入。

（3）电网出现断面越限或事故处理时，可根据电网实际情况退出相关调频机组的 ACE 控制模式。

（4）为鼓励机组参与调频市场，根据调频机组实际出力与日前发电计划偏差情况，按照日前现货市场节点价格高低、调频机组报价等对调频机组进行调频量价补偿。

山西电力调频辅助服务市场运行情况

竞价日 08:30 前	竞价日 8:30-9:30	竞价日 9:30-11:00
发布每个时段的调频市场开市信息。	各调频市场主体按照 5 个交易时段分别提交调频市场报价。其中火电企业以机组为单位、新能源企业以场站为单位、新型储能企业以场站为单位进行申报。各调频资源的容量按照其申报的可调范围上、下限确定。	以调频市场供应成本最小化为目标分时段进行集中出清计算。中标调频机组按照其调频中标价格结算、分时段计算调频市场收益。

山西电力调频辅助服务市场

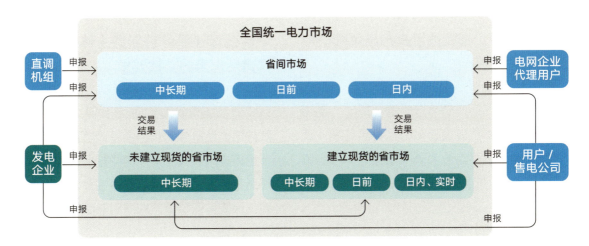

全国统一电力市场运营流程

📖 实际成效

有效助力电力保供

山西2023年度夏期间省内现货市场发电侧交易均价为0.349元/千瓦时，高于燃煤发电基准价0.332元/千瓦时；通过省间现货市场售电，累计成交电量达25亿千瓦时，位居国网经营区第二。山西通过省间与省内现货市场，有效疏导省内煤电机组的煤价压力，充分激发了煤电机组发电保供积极性，有力支撑省内和省间电力保供任务。

能源消费更加绿色

山西电力现货市场中新能源通过"报量不报价"方式参与市场，实现优先安排发电，并且通过现货市场低价扩展新能源消纳空间。2023年山西新能源发电量815.2亿千瓦时，同比增长19.3%；弃电量8.85亿千瓦时，同比减少0.38亿千瓦时；新能源利用率98.9%，同比增加0.26%。

鼓励灵活调节资源积极入市

2023年抽蓄、独立储能、虚拟电厂等新型主体首次参与山西电力现货市场，同时以市场化方式鼓励用户侧可调节资源和电动汽车积极响应电网削峰填谷需求，激发多源主体竞争活力，精准量化并合理疏导调节成本，体现电力市场在新型电力系统构建中的有效支撑。

优化电力资源配置

现货市场激励低成本、高效率机组替代高成本、低效率机组发电，实现发电总成本的降低，提高了全省电力系统运行效率。2023年，山西北部低成本、大容量（60万千瓦及以上）机组的平均利用小时数高于全省平均利用小时数约794个小时。

📖 典型经验

完善市场评价指标体系是市场风险防控工作的关键抓手

市场监管是风险防控的重要环节，而市场评价指标体系建设是市场监管的基础，现货市场体系下要综合考量市场结构、市场行为对公平竞争的影响。

个性化设计是促进新型主体在市场中发挥灵活优势的必然要求

随着能源转型的逐步发展，灵活调节资源在电力系统中的作用愈发明显，但是传统的市场模式难以完全适配其物理特性，需要根据市场建设需求设计适合新型主体的市场交易机制，保障其调节收益的同时兼顾市场公平。

辅助服务的市场化交易探索是电力体制改革的重要一环

新型电力系统建设对辅助服务提出了新的要求，辅助服务市场化要把握电力现货价格的价值"基准"作用，在交易流程、价格机制等方面做出衔接现货市场机制的灵活调整。

统筹优化省间市场和省内市场是电力市场持续稳定运行的重要保障

统一电力市场体系下，要基于本省网源特性和市场特色，设计保障省内安全稳定和促进省间资源优化的衔接机制，在出清算法、交易流程、市场宣贯等方面积极创新。

推广前景

山西电网是典型的含高比例新能源的外送型电网，采用中长期分时段交易、"集中式"现货交易和调频、备用多种辅助服务交易相组合的电力市场模式，通过现货市场电价信号保障电力可靠供应、扩展新能源消纳空间、激发资源配置活力。作为首批电力现货市场建设试点和首个转入正式运行的省份，山西已经形成一套系统化、科学化、具有可操作性的现货市场建设路径，为国内电源结构、网架特点、资源禀赋、市场主体构成相似的省份提供了一份良好的示范样本。